Ahiru...ou
ひ
アヒル隊長プロジェクト

JN065848

アヒル隊長の情報はコチラ!
アヒル隊長
https://pilot-toy.com/ahirutaicho

ブクブクちゃん

アヒル隊長

プカプカちゃん

次世代へつなぐアヒル隊長

環境省アンバサダー

つなげよう、
支えよう
森里川海

日本の豊かな自然を次世代に
つないでいくプロジェクトの
PR活動に参加しています。

家族をつなぐアヒル隊長

霧島温泉大使
アヒル隊長

「浴育」をテーマとした
家族が温泉を楽しみ
ながら絆を深める場
としてお風呂の魅力を
発信中です。

アヒル隊長の歴史

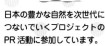

1993年	2001年	2011年	2014年4月	2015年10月	2021年	2023年
バストイ 水ふきアヒル発売	アヒル隊長へ ネーミング変更	ライセンス活動 開始	霧島温泉大使 任命	環境省プロジェクト アンバサダー任命	発売20周年	アヒル隊長 公式X スタート!

キャラクターお問い合わせ先
株式会社読売広告社
次世代モノづくり研究所 キャラクターMD部

TEL : 03-5544-7220   FAX : 03-5544-7640
Email : shohinka@yomiko.co.jp
URL : https://www.yomiko.co.jp/business/monoken/

商品お問い合わせ先
株式会社パイロットコーポレーション
玩具事業部販売企画グループ

TEL : 03-3538-3852   FAX : 03-3538-3853
URL : https://www.pilot-toy.com/

PILOT

アヒル隊長 公式X

土木工事に誠心誠意取り組みます

LINKS株式会社

代表取締役　大西浩之

〒550-0005　大阪市西区西本町2-1-9-403
TEL　06-4305-7626
FAX　06-4305-7627
e-mail：onishi@links-8.jp
URL www.links-service.co.jp

人類の情熱・
叡智・情報を
カタチにする

PRINTING FOR
PEOPLE　LIFE　SOCIETY　FUTURE

 株式会社　太平印刷社

〒140-0002 東京都品川区東品川 1-6-16
TEL：03-3474-2821
FAX：03-3474-8580
MAIL：admin@p-taihei.co.jp

24000167(08)

2050年カーボンニュートラルの実現に向けて──

エコガラス S は
ZEH・ZEB 基準に
ゼッチ　ゼブ
対応‼

ZEH = ネット・ゼロ・エネルギー・ハウス
ZEB = ネット・ゼロ・エネルギー・ビル

地球環境に優しい暮らしの実現に向けて、
「住宅の省エネルギー化」が
重要課題のひとつになっています。
2030年までに新築住宅の平均でZEHの
実現に向けた取り組みが行われています。

エコガラスSは 1枚ガラスの 約5.4倍の断熱性能

エコガラス S のガラス仕様例

Low-E複層ガラス
(中空層16ミリ/アルゴンガス入り)

- Low-E膜
- アルゴンガス
- 1枚ガラス
- スペーサー
- 乾燥材
- 封着材

ダブルLow-E三層複層ガラス
(中空層9ミリ×2/アルゴンガス入り)

- Low-E膜
- アルゴンガス
- 1枚ガラス
- スペーサー
- 乾燥材
- 封着材

エコガラスSは一枚ガラスと比べて、約5.4倍の断熱
性能を発揮し、室内の暖かさを室外に逃がしません。
窓まわりの冷え込みを解消するだけではなく、黒カビ
発生の原因となる結露の発生や水滴によって額縁や
レースのカーテンが濡れることを防ぎます。

■ 1枚ガラス (5ミリ)

5.9 W/(㎡・K)

■ エコガラスS
(中空層9ミリ×2/アルゴンガス入り)

1.1 W/(㎡・K)

※文章中の数値は代表値であり、
性能を保証するものではありません。

1枚ガラスの
約5.4倍の
断熱性能を発揮

	ガラス中央部の熱貫流率※1	
1.4 [W/(㎡・K)]		1.1 [W/(㎡・K)]
T5	JISの断熱性能区分	T6

※1：平成28年省エネルギー基準に準拠したエネルギー消費性能の評価に関する技術情報(住宅)による
(出典：国立研究開発法人建築研究所)
各メーカー毎の詳細な仕様やガラス中央部の熱貫流率は、各社カタログにてご確認ください。

エコガラス S
詳しい情報はWEBで

防災に強い
エコガラスの基本性能に加え、防災・防犯面にも優れている
「合わせLow-E複層ガラス」をおすすめします。

一般社団法人
板硝子協会

新築やリフォームを考えるなら
エコガラス 検索 www.ecoglass.jp

各種
パンフレット・
資料をまとめて
差し上げます。

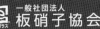

〒108-0074 東京都港区高輪1-3-13 NBF高輪ビル4F　TEL.03-6450-3926　www.itakyo.or.jp

エコガラスS商品の詳細・購入方法については、
板硝子協会会員各社へお問い合わせください。

- AGCのエコガラスS　　　　　　　0570-001-555　[受付時間] 9:00～12:00 / 13:00～17:00 (土・日・祝日休業)
- 日本板硝子のエコガラスS　　　　0120-498-023　[受付時間] 9:00～12:00 / 13:00～17:30 (土・日・祝日休業)
- セントラル硝子プロダクツのエコガラスS　0570-020-223　[受付時間] 9:00～12:00 / 13:00～17:30 (土・日・祝日休業)

COSMO
TODAY

コスモは、きょうも。

「コスモ」といえば、
「石油」だけでしょうか。

コスモには、風力発電所があります。
地域の皆さんと共に設置した
150を超える風車が稼働し、
ご家庭へ、オフィスへ、
電気をお届けしています。

コスモは、サービスステーションで使う電力を、
今、つぎつぎと、
実質CO_2排出量ゼロの
再生可能エネルギーに切り替えています。

大地を、洋上を吹く風をとらえて、
新しいエネルギーに変えてゆく。
今日を、明日を生きる私たちのために、
一つひとつ。

ココロも満タンに

2024年版

環境省名鑑

時評社

◎大臣官房
（総合環境政策統括官グループ）
　　　　◎国立研究開発法人

◎地球環境局
　　　◎資料

◎水・大気環境局
　　　　◎人名索引

◎自然環境局

◎環境再生・資源循環局

◎原子力規制委員会／
　　原子力規制庁

◎施設等機関／
　　地方環境事務所

官庁名鑑 WEB サービス　無料トライアルについての詳細は、目次最終ページ（IX）をご覧ください。

目　次

大臣官房

（総合環境政策統括官グループ）

地球環境局

水・大気環境局

自然環境局

原子力規制庁

施設等機関

地方環境事務所

国立研究開発法人

資料

●本　　省

環境事務次官
Vice-Minister of the Environment

和 田 篤 也（わだ　とくや）

北海道出身.
北海道立帯広柏葉高校，北海道大学工学部衛生工学科，
北海道大学大学院工学研究科情報工学専攻

昭和63年 4 月	環境庁入庁（大気保全局企画課）
平成 2 年 4 月	大阪府環境保健部環境局大気課
平成 4 年 4 月	環境庁国立環境研究所地球環境研究センター観測第 2 係長
平成 4 年10月	環境庁国立環境研究所地球環境研究センター（併）交流係長
平成 6 年 4 月	通商産業省工業技術院総務部ニューサンシャイン計画推進本部技術班長
平成 8 年 7 月	環境庁企画調整局環境影響評価課環境影響審査室審査官
平成10年 7 月	海外経済協力基金環境室環境社会開発課課長代理
平成11年10月	国際協力銀行環境社会開発室環境第 2 班副参事役
平成13年 9 月	環境省地球環境局環境保全対策課環境協力室室長補佐
平成14年10月	環境省地球環境局環境保全対策課課長補佐
平成14年10月	環境省地球環境局地球温暖化対策課国民生活対策室（併）室長補佐
平成16年 4 月	環境省総合環境政策局環境影響評価課課長補佐
平成17年 9 月	環境省総合環境政策局環境影響評価課環境影響審査室（併）室長補佐
平成18年10月	環境省地球環境局地球温暖化対策課国際対策室長
平成20年 8 月	環境省水・大気環境局土壌環境課地下水・地盤環境室長
平成21年 7 月	環境省総合環境政策局環境保健部企画課化学物質審査室長
平成23年 8 月	環境省地球環境局地球温暖化対策課調整官
平成24年 9 月	環境省地球環境局地球温暖化対策課長
平成26年 7 月	環境省廃棄物・リサイクル対策部廃棄物対策課長
平成28年 6 月	環境省大臣官房参事官（指定廃棄物対策担当）
平成29年 7 月	環境省環境再生・資源循環局総務課長
平成30年 4 月	環境省大臣官房審議官
平成30年 7 月	環境省大臣官房政策立案総括審議官
令和元年 7 月	大臣官房公文書監理官を兼任
令和 2 年 7 月	環境省総合環境政策統括官（併）環境調査研修所長
令和 4 年 7 月	環境事務次官

環境省地球環境審議官
Vice-Minister for Global Environmental
Affairs

松 澤　　裕（まつざわ　ゆたか）

昭和39年生.
東京大学

平成元年	厚生省入省
平成27年10月	環境省地球環境局地球温暖化対策課長
平成30年 7 月	環境省大臣官房審議官
令和 2 年 7 月	環境省環境再生・資源循環局次長
令和 3 年 7 月	環境省水・大気環境局長
令和 4 年 7 月	環境省地球環境局長
令和 5 年 7 月	環境省地球環境審議官

大臣官房

環境省大臣官房長
Secretary General Minister's Secretariat

上 田 康 治 （うえだ　やすはる）

昭和40年 4 月生．広島県出身．
修道高校，東京大学

平成元年	環境庁入庁
平成 9 年	外務省在米国日本大使館書記官
平成12年	環境庁長官官房総務課国会連絡調整官
平成13年	環境省総合環境政策局環境計画課課長補佐
平成14年 7 月	環境省自然環境局総務課課長補佐
平成15年 8 月	環境省廃棄物・リサイクル対策部企画課課長補佐
平成16年 7 月	環境省総合環境政策局総務課課長補佐
平成19年 7 月	環境省大臣官房総務課課長補佐
平成19年 8 月	環境大臣秘書官
平成20年 8 月	環境省廃棄物・リサイクル対策部リサイクル推進室長
平成22年 8 月	環境省地球環境局地球温暖化対策課市場メカニズム室長
平成24年 7 月	環境省環境保健部環境安全課長
平成25年 7 月	環境省総合環境政策局総務課長
平成28年 7 月	環境省自然環境局総務課長
平成29年 7 月	環境省大臣官房秘書課長
平成30年 7 月	環境省大臣官房審議官
令和 2 年 7 月	環境省大臣官房政策立案総括審議官（併）公文書監理官
令和 3 年 7 月	内閣官房内閣審議官
令和 3 年 7 月	環境省大臣官房地域脱炭素推進総括官
令和 4 年 7 月	環境省総合環境政策統括官（併）環境調査研修所長
令和 5 年 7 月	環境省大臣官房長

趣味　読書，囲碁
学生時代の所属部　合気道部

環境省大臣官房政策立案総括審議官
Deputy Director-General for Environmental
Policy and Chief Record Officer, Minister's
secretariat

大　森　恵　子 （おおもり　けいこ）

昭和42年 8 月 8 日生．滋賀県出身．
滋賀県立膳所高校，京都大学経済学部経済学科

平成 2 年 4 月	環境庁入庁（大気保全局企画課）
平成 4 年 4 月	環境庁企画調整局環境保健部特殊疾病対策室
平成 6 年 4 月	環境庁企画調整局地球環境部環境保全対策課主査
平成 8 年 6 月	環境庁大臣官房総務課係長
平成10年 4 月	環境庁企画調整局環境影響評価課課長補佐
平成11年 1 月	人事院短期留学（オランダエネルギー保全・環境技術研究所）
平成11年 7 月	環境庁企画調整局調査企画室室長補佐
平成12年 6 月	環境庁企画調整局地球環境部環境保全対策課課長補佐
平成13年 1 月	経済産業省資源エネルギー庁省エネルギー・新エネルギー部政策課課長補佐
平成15年 6 月	環境省水環境部企画課課長補佐
平成16年 7 月	環境省地球環境局総務課課長補佐
平成18年10月	環境省大臣官房政策評価広報課課長補佐
平成20年 8 月	環境省大臣官房廃棄物・リサイクル対策部企画課循環型社会推進室長
平成23年 8 月	京都大学経済研究所附属先端政策分析研究センター教授
平成26年 8 月	環境省総合環境政策局環境影響評価課長
平成28年 7 月	環境省総合環境政策局環境保健部環境保健企画管理課長
平成29年 7 月	環境省大臣官房会計課長
平成30年 7 月	環境省大臣官房秘書課長
令和 2 年 7 月	環境省大臣官房審議官
令和 3 年 7 月	環境省大臣官房サイバーセキュリティ・情報化審議官（兼）公文書監理官
令和 4 年 7 月	環境省関東地方環境事務所長
令和 5 年 7 月	環境省大臣官房政策立案総括審議官

主要著書　『グリーン融資の経済学―消費者向け省エネ機器・設備支援策の効果分析』（昭和堂）

環境省大臣官房サイバーセキュリティ・情報化審議官（兼）公文書監理官

神　谷　洋　一（かみや　よういち）

令和4年7月　環境省大臣官房サイバーセキュリティ・情報化審議官
　　　　　　（兼）公文書監理官

環境省大臣官房審議官
Councillor, Minister's Secretariat Deputy Director‐General, Global
Environment Bureau ／ Regional Decarbonization Policy

奥 山 祐 矢（おくやま　まさや）
東京都出身.

平成 5 年 4 月	環境庁入庁
平成24年10月	環境省地球環境局地球温暖化対策課市場メカニズム室長
平成25年 7 月	原子力規制庁政策評価・広聴広報課広報室長
平成26年 3 月	原子力規制庁総務課広報室長
平成27年 8 月	環境省総合環境政策局環境経済課長
平成29年 7 月	環境省大臣官房環境経済課長
平成30年 7 月	環境省地球環境局地球温暖化対策課長
令和 2 年 7 月	環境省自然環境局総務課長
令和 3 年 7 月	環境省環境再生・資源循環局総務課長
令和 4 年 7 月	環境省大臣官房審議官

環境省大臣官房審議官（兼）環境調査研修所国立水俣病総合研究センター所長
Councillor, Minister's Secretariat

前　田　光　哉（まえだ　みつや）

昭和42年11月4日生．兵庫県出身．A型
私立六甲学院高等学校，神戸大学，
順天堂大学大学院医学研究科

平成4年4月	厚生省入省
平成21年7月	内閣府食品安全委員会事務局評価課評価調整官
平成26年7月	厚生労働省労働基準局安全衛生部労働衛生課電離放射線労働者健康対策室長
平成27年9月	厚生労働省労働基準局安全衛生部労働衛生課主任中央じん肺診査医
平成28年4月	環境省総合環境政策局環境保健部放射線健康管理担当参事官
平成30年9月	神奈川県健康医療局技監（兼）保健医療部長
令和2年4月	神奈川県健康医療局長
令和3年4月	神奈川県理事（特定課題担当）
令和3年10月	独立行政法人国立病院機構理事（医務担当）
令和5年10月	環境省大臣官房審議官（兼）環境調査研修所国立水俣病総合研究センター所長

環境省大臣官房審議官
Councillor, Minister's Secretariat

堀　上　　勝 （ほりかみ　まさる）

昭和40年 5 月 8 日生．東京都出身．
都立八王子東高校，日本大学

平成13年	環境省自然環境局自然環境計画課課長補佐
平成15年	環境省自然環境局野生生物課課長補佐
平成19年	鹿児島県環境保護課長
平成21年 7 月	環境省自然環境局総務課自然ふれあい推進室長
平成25年 6 月	環境省自然環境局自然環境計画課生物多様性施策推進室長
平成28年 4 月	環境省自然環境局総務課調査官
平成29年 7 月	環境省自然環境局野生生物課長
令和元年 7 月	環境省水・大気環境局土壌環境課長（併）地下水・地盤環境室長
令和 2 年 7 月	環境省大臣官房環境影響評価課長
令和 3 年 7 月	環境省自然環境局自然環境計画課長
令和 5 年 7 月	環境省大臣官房審議官

環境省大臣官房審議官
Councillor, Minister's Secretariat

飯　田　博　文 （いいだ　ひろぶみ）

平成 5 年 4 月	通商産業省入省
平成18年 6 月	経済産業省製造産業局航空機武器宇宙産業課長補佐
平成21年10月	内閣官房副長官補室企画調査官（地球温暖化問題担当）
平成22年 7 月	在中国大使館経済部参事官
平成26年 7 月	経済産業省貿易経済協力局貿易振興課長
平成28年 6 月	経済産業省通商政策局通商機構部参事官（全体総括）
平成29年 7 月	在中国大使館経済部公使
令和 2 年 8 月	経済産業省大臣官房サイバー国際経済政策統括調整官（併）通商政策局通商戦略統括調整官
令和 3 年 7 月	環境省水・大気環境局総務課長（併）自動車環境対策課長
令和 4 年 7 月	環境省大臣官房会計課長
令和 5 年 7 月	環境省大臣官房審議官

環境省大臣官房秘書課長
Director, Personnel Division

西　村　治　彦（にしむら　はるひこ）

平成28年4月	環境省水・大気環境局中間貯蔵施設担当参事官
平成29年7月	環境省環境再生・資源循環局環境再生施設整備担当参事官
平成30年4月	環境省環境再生・資源循環局環境再生施設整備担当参事官（充）福島地方環境事務所中間貯蔵部長
平成30年7月	環境省大臣官房環境経済課長
令和3年7月	環境省地球環境局総務課長
令和4年7月	環境省大臣官房総合政策課長
令和5年7月	環境省大臣官房秘書課長

環境省大臣官房秘書課調査官（兼）女性職員活躍・ＷＬＢ推進担当官
Senior Policy Coordinator of the Personnel Division

中　原　敏　正（なかはら　としまさ）

昭和40年 7 月 4 日生．埼玉県出身．
駒澤大学経済学部

昭和63年 4 月	環境庁入庁
令和 2 年 4 月	福島地方環境事務所総務部長
令和 4 年 4 月	環境省大臣官房秘書課調査官（兼）女性職員活躍・ＷＬ Ｂ推進担当官

環境省大臣官房秘書課地方環境室長
Regional Environment Affairs Officer

伊　藤　賢　利（いとう　かつとし）

平成27年　　　　環境省地球環境局地球温暖化対策課国民生活対策室長
令和 2 年 4 月　　環境省地球環境局総務課地球温暖化対策事業監理室長
令和 3 年 4 月　　環境省大臣官房環境計画課地域循環共生圏推進室長（兼）
　　　　　　　　　地球環境局総務課地球温暖化対策事業監理室長
令和 4 年 7 月　　環境省地球環境局地球温暖化対策課事業監理官（兼）大
　　　　　　　　　臣官房地域政策課地域脱炭素事業監理室長（兼）地球環
　　　　　　　　　境局総務課地球温暖化対策事業監理室長
令和 5 年 7 月　　環境省大臣官房秘書課地方環境室長

環境省大臣官房秘書課業務改革推進室長
Director, Office for Work Style Reform

一　井　里　映 （いちい　りえ）

京都府出身.
京都女子高等学校，神戸大学発達科学部，
神戸大学大学院総合人間科学研究科

　　　　　　　　環境省関東地方環境事務所統括環境保全企画官　を経て
令和 5 年 7 月　環境省大臣官房秘書課業務改革推進室長

環境省大臣官房総務課長
Director of the General Affairs Division

福 島 健 彦（ふくしま　たけひこ）

昭和41年9月4日生．北海道出身．
札幌北高校，京都大学理学部化学教室

平成 5 年 4 月	環境庁企画調整局環境保健部保健業務課保健調査室
平成 7 年 1 月	国立環境研究所地球環境研究センター
平成 8 年 4 月	環境庁大気保全局自動車環境対策第二課
平成11年 9 月	通商産業省工業技術院エネルギー技術研究開発課技術班長
平成13年 1 月	経済産業省産業技術環境局研究開発課課長補佐
平成13年 9 月	環境省総合環境政策局環境保健部環境安全課課長補佐
平成16年12月	経済協力開発機構（OECD）環境局環境保健安全課
平成20年 8 月	環境省地球環境局環境保全対策課環境協力室室長補佐
平成22年 7 月	環境省総合環境政策局環境保健部環境安全課課長補佐
平成24年 9 月	国土交通省自動車局環境政策課地球温暖化対策室長
平成26年 7 月	環境省総合環境政策局環境保健部企画課化学物質審査室長
平成28年 7 月	環境省地球環境局地球温暖化対策課調整官（併）地球温暖化対策事業室長
平成29年 7 月	環境省地球環境局国際連携課長
令和元年 7 月	内閣官房内閣参事官（内閣総務官室）
令和 3 年 7 月	環境省大臣官房総合政策課長
令和 4 年 7 月	環境省水・大気環境局総務課長（併）自動車環境対策課長
令和 5 年 7 月	環境省大臣官房総務課長

環境省大臣官房総務課広報室長
Director, Public Relations Office

小 沼 信 之 （こぬま　のぶゆき）

昭和53年 2 月20日生．福島県出身．
福島高校，東北大学，
東北大学大学院

平成14年 4 月	環境省入省
令和 2 年 4 月	環境省福島地方環境事務所環境再生・廃棄物対策部調整官
令和 3 年 9 月	環境省水・大気環境局総務課課長補佐
令和 4 年 8 月	環境省地球環境局総務課課長補佐
令和 5 年 7 月	環境省大臣官房総務課広報室長

環境省大臣官房総務課企画官（兼）危機管理・災害対策室長
Senior Assistant for Policy Planning

吉　口　進　朗（よしぐち　のぶあき）

平成元年4月	厚生省入省
令和元年5月	国立研究開発法人国立環境研究所企画部長
令和3年7月	環境省大臣官房総務課企画官（兼）危機管理・災害対策室長

大臣官房

環境省大臣官房総務課公文書監理室長
Director, Records Management Office

小 林 浩 治 (こばやし こうじ)

昭和62年4月　環境庁入庁
令和4年7月　環境省大臣官房総務課公文書監理室長

環境省大臣官房総務課国会連絡室長
Director, Diet Liaison Office

猪　又　勝　徳 （いのまた　かつのり）

平成 6 年 4 月　環境庁入庁
令和 5 年 7 月　環境省大臣官房総務課国会連絡室長

環境省大臣官房総務課環境情報室長
Director of Environmental Information Office

明　石　健　吾（あかし　けんご）

平成 4 年 4 月　環境庁入庁
平成30年 8 月　人事院公務員研修所教務部政策研修分析官
令和 3 年 7 月　環境省大臣官房総務課環境情報室長

環境省大臣官房会計課長
Director of the Budget and Accounts Division

熊 倉 基 之 （くまくら　もとゆき）
昭和45年11月27日生．東京都出身．
東京都立戸山高校，早稲田大学政治経済学部

平成 6 年 4 月	環境庁入庁
平成18年 9 月	滋賀県琵琶湖環境部自然環境保全課長
平成20年 7 月	環境省地球環境局総務課課長補佐
平成22年 7 月	環境省自然環境局総務課課長補佐
平成24年 8 月	内閣官房原子力安全規制組織等改革準備室企画官
平成24年 9 月	原子力規制庁政策評価・広聴広報課企画官
平成25年 7 月	環境省地球環境局地球温暖化対策課フロン等対策官（フロン等対策推進室長）（併）市場メカニズム室長
平成27年 4 月	環境省地球環境局地球温暖化対策課フロン対策室長
平成27年 7 月	環境省大臣官房廃棄物・リサイクル対策部廃棄物対策課浄化槽推進室長
平成28年 6 月	環境省大臣官房廃棄物・リサイクル対策部廃棄物対策課災害廃棄物対策室長
平成29年 7 月	環境省大臣官房環境影響評価課長
令和元年 7 月	環境省自然環境局国立公園課長
令和 4 年 7 月	環境省大臣官房環境保健部環境保健企画管理課長
令和 5 年 7 月	環境省大臣官房会計課長

環境省大臣官房会計課監査指導室長
Director of Audit Office

鳥　毛　暢　茂（とりげ　のぶしげ）
昭和44年12月16日生．石川県七尾市出身．O型
石川県立鹿西高等学校，

昭和63年 4 月　環境庁入庁
平成26年 3 月　福島環境再生事務所経理課長
平成30年 4 月　中間貯蔵・環境安全事業株式会社契約・購売課長
令和 4 年 4 月　環境省大臣官房会計課監査指導室長

環境省大臣官房会計課庁舎管理室長
Director, Office of Official Building Management

増 田 直 文 （ますだ　なおふみ）

環境省総合環境政策統括官（併）環境調査研修
所長
Director-General for Environmental Policy

鑓 水　　洋（やりみず　よう）

昭和39年11月24日生. 山形県出身.
東京大学法学部

昭和62年4月	大蔵省入省
平成3年7月	理財局総務課企画係長
平成4年7月	観音寺税務署長
平成5年6月	国税庁長官官房人事課課長補佐
平成7年7月	銀行局総務課課長補佐（日本銀行・企画）
平成8年7月	銀行局中小金融課課長補佐（信用金庫・信用補完）
平成10年7月	主計局総務課課長補佐（歳入・国債）
平成11年7月	主計局主計官補佐（農林水産四）
平成12年7月	主計局主計官補佐（農林水産一）
平成13年7月	内閣官房副長官補付 兼 内閣官房行政改革推進事務局行政委託型公益法人等改革推進室企画官
平成14年7月	大臣官房総合政策課課長補佐（総括）
平成15年7月	熊本県総合政策局長
平成16年4月	熊本県地域振興部長
平成18年7月	主税局総務課主税企画官
平成19年7月	大臣官房企画官 兼 主税局総務課
平成20年7月	主税局税制第一課主税企画官 兼 主税局税制第二課
平成21年7月	主計局主計官（外務、経済協力、経済産業係担当）
平成23年7月	主計局主計官（司法・警察、財務、経済産業、環境係担当）
平成24年7月	主税局税制第三課長
平成24年12月	主計局税制第一課長
平成25年7月	大臣官房政策金融課長
平成27年7月	主税局総務課長
平成28年6月	広島国税局長
平成29年7月	内閣官房内閣審議官（内閣官房副長官補付） 兼 内閣官房ＴＰＰ政府対策本部員
平成30年7月	大臣官房審議官（理財局担当）
令和元年7月	理財局次長
令和2年7月	国税庁次長
令和3年7月	環境省大臣官房長
令和5年7月	環境省総合環境政策統括官（併）環境調査研修所長

環境省大臣官房総合政策課長
Director, General Policy Division

小笠原　　靖（おがさわら　やすし）
昭和45年5月4日生．愛知県出身．
愛知県立岡崎高校，京都大学

平成 7 年 4 月	環境庁入庁
平成14年 8 月	ヨーロッパ環境政策研究所客員研究員
平成15年 7 月	環境省地球環境局地球温暖化対策課課長補佐
平成19年 4 月	環境省大臣官房廃棄物・リサイクル対策部リサイクル推進室総括補佐
平成20年 7 月	環境省総合環境政策局環境経済課総括補佐
平成22年 8 月	環境省総合環境政策局環境計画課総括補佐
平成23年 7 月	環境省総合環境政策局総務課総括補佐
平成24年10月	環境省大臣官房総務課総括補佐
平成26年 9 月	環境大臣秘書官
平成27年10月	環境省地球環境局地球温暖化対策課市場メカニズム室長
平成28年 7 月	環境省大臣官房総務課広報室長
平成29年 7 月	環境省環境再生・資源循環局総務課リサイクル推進室長（併）循環型社会推進室長
平成30年10月	内閣官房内閣参事官
令和 2 年 7 月	環境省地球環境局地球温暖化対策課長
令和 4 年 7 月	環境省地球環境局総務課長
令和 5 年 7 月	環境省大臣官房総合政策課長

環境省大臣官房総合政策課調査官（兼）環境再生・資源循環局調査官
Senior Policy Coordinator

古 本 一 司（ふるもと　かずし）

平成9年4月　建設省入省
令和3年4月　愛媛県土木部土木管理局技術監
令和5年4月　環境省大臣官房総合政策課調査官
令和5年7月　環境省環境再生・資源循環局調査官

環境省大臣官房総合政策課企画評価・政策プロモーション室長

大 川 正 人（おおかわ　まさと）

昭和54年9月4日生．長野県出身．
長野高校，東京工業大学

平成14年4月	環境省入省
令和4年7月	環境省大臣官房総務課広報室長
令和4年8月	環境省大臣官房付 兼 秘書課秘書官事務取扱
令和5年9月	環境省大臣官房総合政策課企画評価・政策プロモーション室長

環境省大臣官房総合政策課環境研究技術室長
Director of Environmental Research and Technology Office

奥　村　暢　夫（おくむら　まさお）

令和 5 年 8 月　環境省入省
令和 5 年 8 月　環境省大臣官房総合政策課環境研究技術室長

環境省大臣官房総合政策課環境教育推進室長（兼）総合政策課計画官
Director, Office of Environmental Education (Concurrent) Senior
Planning Officer, General Policy Division, Minister's Secretariat

東　岡　礼　治（ひがしおか　れいじ）
筑波大学大学院修士課程環境科学研究科

平成29年11月　九州地方環境事務所保全統括官　併任　那覇自然環境事務
　　　　　　　所長（現在：沖縄奄美自然環境事務所長）
令和3年8月　環境省自然環境局野生生物課鳥獣保護管理室長
令和5年7月　環境省大臣官房総合政策課環境教育推進室長（兼）総合
　　　　　　　政策課計画官

環境省大臣官房総合政策課原子力規制組織等改革担当室長
Director for Nuclear Regulatory Organization Reform

根 木 桂 三（ねぎ　けいぞう）

昭和46年11月22日生．神奈川県出身．
神奈川県立多摩高校，東北大学工学部土木工学科

平成 7 年 4 月	厚生省水道環境部環境整備課
平成14年 7 月	厚生労働省健康局水道課水道指導官 兼 技術係長
平成16年 4 月	環境省廃棄物・リサイクル対策部リサイクル推進室室長補佐
平成18年 4 月	環境省地球環境局環境保全対策課課長補佐
平成18年 8 月	インドネシア環境省（JICA環境政策専門家）
平成20年 8 月	環境省環境保健部石綿健康被害対策室室長補佐
平成21年 7 月	環境省地球環境局地球温暖化対策課課長補佐
平成22年 2 月	環境省水・大気環境局大気生活環境室室長補佐
平成22年 7 月	環境省水・大気環境局土壌環境課課長補佐（平成23年より除染チーム併任）
平成25年 4 月	環境省水・大気環境局水環境課課長補佐
平成26年 7 月	環境省水・大気環境局水環境課閉鎖性海域対策室長
平成29年 7 月	原子力規制庁長官官房監視情報課放射線環境対策室長
令和元年 7 月	近畿管区警察局広域調整部長
令和 3 年 7 月	兵庫県環境部参事
令和 4 年 9 月	内閣府政策統括官（原子力防災担当）付参事官（地域防災担当）（併）環境省大臣官房総合政策課原子力規制組織等改革担当室長

環境省大臣官房環境経済課長
Director of Environmental and Economy Division

平 尾 禎 秀 （ひらお　よしひで）

昭和52年2月26日生．香川県出身．
高松高校，東京大学法学部，
ニューヨーク大学法科大学院，ペース大学法科大学院

平成11年4月	環境庁長官官房秘書課
平成18年7月	環境省水・大気環境局総務課審査官
平成19年7月	環境省大臣官房廃棄物・リサイクル対策部企画課リサイクル推進室室長補佐
平成21年9月	環境省大臣官房秘書課課長補佐
	併任：大臣官房秘書課副大臣秘書事務取扱
	期間：H21.9 〜 H22.9
平成22年9月	環境省地球環境局地球温暖化対策課市場メカニズム室室長補佐
平成24年7月	環境省水・大気環境局放射性物質汚染対策担当参事官室参事官補佐
平成26年7月	環境省大臣官房秘書課課長補佐
平成26年7月	外務省欧州連合日本政府代表部一等書記官
平成29年7月	環境省環境再生・資源循環局総務課課長補佐
平成30年8月	環境省地球環境局総務課課長補佐
平成30年10月	環境省大臣官房秘書課秘書官事務取扱
令和元年9月	環境省大臣官房総務課広報室長
令和2年8月	環境省環境再生・資源循環局総務課リサイクル推進室長（併）循環型社会推進室長
令和4年7月	環境省地球環境局地球温暖化対策課脱炭素ビジネス推進室長
令和5年7月	環境省大臣官房環境経済課長

環境省大臣官房環境経済課市場メカニズム室長
Director, Office of Market Mechanisms

山　本　泰　生 (やまもと　やすお)

平成13年 4 月　　入省
平成30年 8 月　　環境再生・資源循環局総務課課長補佐
令和元年 7 月　　自然環境局自然環境計画課生物多様性主流化室長
令和 2 年 9 月　　環境再生・資源循環局廃棄物適正処理推進課浄化槽推進
　　　　　　　　室長
令和 4 年 7 月　　大臣官房環境経済課市場メカニズム室長

環境省大臣官房環境影響評価課長
Director, Environmental Impact Assessment Division

大 倉 紀 彰 （おおくら　のりあき）

平成10年4月	環境庁入庁
平成29年8月	横浜市温暖化対策統括本部企画調整部担当部長
令和元年7月	環境省環境再生・資源循環局企画官（併）除染業務室長
令和2年9月	気候エネルギーソリューションセンター客員研究員（米国ワシントン）
令和3年7月	環境省環境再生・資源循環局廃棄物適正処理推進課放射性物質汚染廃棄物対策室長（併）大臣官房総合政策課企画評価・政策プロモーション室政策評価企画官
令和4年7月	環境省大臣官房環境影響評価課長（併）総合政策課政策調整官

環境省大臣官房環境影響評価課環境影響審査室長
Director, Office of Environmental Impact
Assessment Review

加　藤　　　聖（かとう　せい）

昭和50年12月5日生．宮城県出身．
東北大学，東北大学大学院修了

平成12年4月	厚生省入省
平成29年10月	環境省地球環境局地球温暖化対策課地球温暖化対策事業企画官
令和2年7月	環境省地球環境局地球温暖化対策課地球温暖化対策事業室長
令和4年7月	環境省大臣官房総合政策課企画評価・政策プロモーション室長
令和5年7月	環境省大臣官房環境影響評価課環境影響審査室長

環境省大臣官房地域脱炭素推進審議官
Director-General for Regional
Decarbonization Policy

植 田 明 浩 (うえだ　あきひろ)

昭和40年6月24日生．岡山県出身．
東京大学農学部

平成元年4月	環境庁入庁（自然保護局計画課）
平成17年10月	環境省関東地方環境事務所統括自然保護企画官
平成19年7月	環境省自然環境局総務課動物愛護管理室長
平成21年4月	環境省自然環境局京都御苑管理事務所長
平成22年2月	環境省大臣官房付
平成22年4月	環境省地球温暖化対策課国民生活対策室長
平成22年4月	環境省大臣官房総務課企画官（併）
平成22年8月	環境省地球環境局総務課調査官（併）
平成23年7月	環境省九州地方環境事務所那覇自然環境事務所長
平成27年7月	内閣官房内閣参事官（まち・ひと・しごと創生本部事務局）
平成28年7月	環境省自然環境局野生生物課長
平成29年7月	環境省環境再生・資源循環局参事官（特定廃棄物対策担当）
平成30年7月	環境省自然環境局自然環境計画課長
令和3年7月	長崎税関長 兼 税関研修所長崎支所長
令和5年7月	環境省大臣官房地域脱炭素推進審議官

環境省大臣官房地域政策課長
Director, Regional Policy Division

細　川　真　宏（ほそかわ　まさひろ）

平成25年 7 月	原子力規制庁総務課企画官
平成26年 9 月	環境省大臣官房総務課政策企画調査官
平成28年 7 月	警察庁生活安全企画課都市防犯対策官
平成30年 7 月	環境省環境再生・資源循環局環境再生施設整備担当参事官
令和 2 年 7 月	内閣官房内閣参事官
令和 4 年 7 月	環境省自然環境局総務課長
令和 5 年 7 月	環境省大臣官房地域政策課長

環境省大臣官房総合政策課課長補佐（併）総合政策課民間活動支援室長
（併）地域政策課地域循環共生圏推進室長
Director, Office for Circular and Ecological Economy

佐々木　真二郎（ささき　しんじろう）

平成14年　　　環境省入省
令和４年７月　環境省大臣官房総合政策課課長補佐（併）総合政策課民間
　　　　　　　活動支援室長（併）地域政策課地域循環共生圏推進室長

環境省大臣官房地域脱炭素事業推進課長
Director, Regional Decarbonization Projects Division

近 藤 貴 幸（こんどう　たかゆき）

昭和47年 7 月 6 日生．神奈川県出身．
東京大学経済学部

平成 8 年 4 月	自治省入省
平成16年 4 月	宮崎県総務部財政課長
平成18年 4 月	財務省主計局法規課課長補佐
平成20年 4 月	さいたま市政策局総合政策監
平成23年 4 月	総務省自治財政局調整課理事官
平成24年 4 月	内閣府地方分権改革推進室参事官補佐
平成25年 4 月	福島県企画調整部次長（地域づくり担当）
平成26年 4 月	福島県企画調整部長
平成28年 4 月	総務省消防庁国民保護・防災部防災課地域防災室長
平成28年 8 月	地方創生担当大臣秘書官
平成29年 8 月	復興庁統括官付企画官
平成30年 8 月	復興庁統括官付参事官
令和 2 年 7 月	内閣府地方分権改革推進室参事官
令和 3 年10月	内閣官房気候変動対策推進室参事官 兼 環境省大臣官房地域脱炭素事業推進調整官
令和 4 年 6 月	総務省自治財政局調整課長
令和 5 年 7 月	環境省大臣官房地域脱炭素事業推進課長

環境省大臣官房参事官（併）地域脱炭素政策調整担当参事官
Director, Office for Regional Decarbonization Policy

木　野　修　宏（きの　のぶひろ）

昭和46年 4 月12日生．愛知県出身．A 型
愛知県立一宮西高校，東京大学工学部工業化学科（修士：超伝導工学専攻）

平成 8 年 4 月	環境庁入庁
平成26年 7 月	環境省地球環境局国際連携課国際協力室長
平成28年 7 月	環境省地球環境局国際連携課国際地球温暖化対策室長
平成29年 7 月	環境省地球環境局総務課低炭素社会推進室長
令和 2 年 4 月	環境省地球環境局総務課脱炭素社会移行推進室長
令和 2 年 7 月	環境省大臣官房環境影響評価課環境影響審査室長
令和 4 年 7 月	環境省大臣官房参事官（併）地域脱炭素政策調整担当参事官

環境省大臣官房環境保健部長
Director General, Environmental Health
Department

神ノ田　昌　博（かみのた　まさひろ）

昭和42年 4 月18日生．千葉県出身．A型
慶應義塾大学医学部

平成 4 年 4 月	厚生省入省（保健医療局 疾病対策課 配属）
平成 4 年 5 月	保健医療局企画課臓器移植対策室 併任
平成 6 年 5 月	岡山県倉敷保健所主任（倉敷西保健所、倉敷南保健所 併任）
平成 7 年 4 月	岡山県保健福祉部保健福祉課主任
平成 8 年 4 月	厚生省老人保健福祉局老人保健課主査
平成 9 年 6 月	厚生省大臣官房厚生科学課主査（ハーバード公衆衛生大学院 留学）
平成10年 6 月	厚生省健康政策局総務課課長補佐
平成12年 4 月	山梨県福祉保健部健康増進課長
平成14年 4 月	厚生労働省健康局結核感染症課課長補佐
平成16年 7 月	厚生労働省老人保健課課長補佐
平成18年 8 月	厚生労働省保険局医療課課長補佐
平成19年 4 月	厚生労働省大臣官房厚生科学課主任科学技術調整官
平成20年 7 月	岡山県保健福祉部長
平成22年 8 月	厚生労働省健康局結核感染症課新型インフルエンザ対策推進室長
平成23年 1 月	厚生労働省健康局疾病対策課肝炎対策推進室長 併任（平成24年 3 月 解除）
平成24年 8 月	環境省総合環境政策局環境保健部企画課石綿健康被害対策室長
平成24年 9 月	環境省総合環境政策局環境保健部放射線健康管理担当参事官室 併任
平成26年 9 月	厚生労働省医政局研究開発振興課長（研究開発振興課再生医療等研究推進室長 併任）
平成27年 5 月	厚生労働省医政局経済課医療機器政策室長 併任（平成27年 7 月 解除）
平成28年 6 月	厚生労働省雇用均等・児童家庭局母子保健課長
平成29年 7 月	厚生労働省労働基準局安全衛生部労働衛生課長
令和元年 7 月	厚生労働省健康局健康課長
令和 2 年 8 月	国立研究開発法人国立がん研究センター理事長特任補佐
令和 3 年 9 月	環境省大臣官房環境保健部長

環境省大臣官房環境保健部環境保健企画管理課長
Director, Policy Planning Division Environmental Health Department

東　條　純　士（とうじょう　じゅんじ）

	環境省大臣官房付
平成29年 8 月	環境省大臣官房総務課広報室長
平成30年 8 月	中間貯蔵・環境安全事業管理部長
令和 3 年 7 月	環境省環境調査研修所国立水俣病総合研究センター次長
令和 5 年 7 月	環境省大臣官房環境保健部環境保健企画管理課長

環境省大臣官房環境保健部環境保健企画管理課保健業務室長
Director of Environmental Health Affairs Office

黒　羽　真　吾（くろばね　しんご）

平成31年 4 月　厚生労働省大臣官房厚生科学課研究企画官
令和 2 年 8 月　環境省大臣官房環境保健部環境保健企画管理課保健業務
　　　　　　　室長

環境省大臣官房環境保健部環境保健企画管理課特殊疾病対策室長
Director of Special Environmental Diseases office

伊　藤　香　葉（いとう　かよ）

平成30年 4 月　厚生労働省入省
令和 2 年 8 月　秋田県健康福祉部長
令和 5 年 7 月　環境省大臣官房環境保健部環境保健企画管理課特殊疾病
　　　　　　　　対策室長

環境省大臣官房環境保健部環境保健企画管理課石綿健康被害対策室長
Director of Office for Asbestos Health Damage Relief

木　内　哲　平 (きうち　てっぺい)

昭和54年 3 月15日生. 神奈川県出身.
慶応義塾大学医学部

平成16年 4 月	厚生労働省入省
平成20年 7 月	厚生労働省官房厚生科学課長補佐
平成21年 6 月	厚生労働省官房厚生科学課健康危機管理対策室国際健康危機管理調整官
平成22年 4 月	厚生労働省医薬食品局審査管理課長補佐
平成23年 8 月	厚生労働省労働基準局安全衛生部労働衛生課中央労働衛生専門官
平成25年 7 月	厚生労働省官房厚生科学課研究事業推進専門官
平成25年10月	厚生労働省官房厚生科学課長補佐
平成27年 4 月	宮崎県福祉保健部健康増進課長
平成29年 4 月	厚生労働省保険局医療課医療技術評価推進室長補佐
平成30年 8 月	厚生労働省老健局老人保健課介護保険データ分析室長
平成31年 4 月	富山県厚生部次長
令和 2 年 4 月	富山県厚生部理事 兼 次長事務取扱
令和 3 年 4 月	富山県厚生部長
令和 4 年 7 月	環境省大臣官房環境保健部環境保健企画管理課石綿健康被害対策室長

環境省大臣官房環境保健部環境保健企画管理課化学物質審査室長
Director, Chemicals Evaluation Office

清　丸　勝　正 (せいまる　かつまさ)

昭和47年 4 月12日生．石川県出身．
石川県立小松高等学校，京都大学理学部，
京都大学大学院理学研究科（修士），スタンフォード大学工学部（修士）

平成13年 4 月　環境省入省
令和元年 5 月　環境省水・大気環境局大気環境課課長補佐
令和 2 年 8 月　環境省水・大気環境局総務課課長補佐（併任：自動車環
　　　　　　　境対策課課長補佐）
令和 3 年10月　原子力規制庁原子力規制部検査監督総括課検査評価室長
令和 5 年 7 月　環境省大臣官房環境保健部環境保健企画管理課化学物質
　　　　　　　審査室長

環境省大臣官房環境保健部環境保健企画管理課公害補償審査室長
Director of Office for the Appeals Committee on Environmental
Health Damage Compensation

宇田川　弘　康 （うだがわ　ひろやす）

平成29年4月	環境省総合環境政策局環境保健部環境保健企画管理課公害補償審査室長
平成29年7月	環境省大臣官房環境保健部環境保健企画管理課公害補償審査室長
令和5年4月	環境省大臣官房環境保健部環境保健企画管理課公害補償審査室長

環境省大臣官房環境保健部環境保健企画管理課
水銀対策推進室長
Director, Office of Mercury Management,
Environmental Health Policy Planning and
Management Division, Environmental Health
Department, Minister's Secretariat, Ministry of the Environment

高 木 恒 輝 (たかき　こうき)

昭和56年4月19日生.　神奈川県出身.
神奈川県立多摩高校，東京大学農学生命科学研究科生命工学専攻（学士），
東京大学大学院農学生命科学研究科応用生命工学専攻（修士），
レディング大学大学院地理環境科学部環境科学専攻（博士）

平成19年4月	環境省入省
平成24年9月	英国レディング大学博士課程（環境科学）（～平成28年6月）
令和元年5月	環境省福島地方環境事務所環境再生・廃棄物対策部環境再生課長
令和2年8月	経済協力開発機構（OECD）環境局環境安全課政策分析官
令和5年8月	環境省大臣官房環境保健部環境保健企画管理課水銀対策推進室長

論文 「Streptomyces griseus enhances denitrification by Ralstonia pickettii K50, which is possibly mediated by histidine produced during co-culture」Bioscience Biotechnology and Biochemistry (2008)、「Potential of Aerobic Denitrification by Pseudomonas stutzeri TR 2 To Reduce Nitrous Oxide Emissions from Wastewater Treatment Plants」Applied and Environmental Microbiology (2010)、「Assessment of Plant Uptake Models Used in Exposure Assessment Tools for Soils Contaminated with Organic Pollutants」Environmental Science & Technology (2014)、「Assessment and improvement of biotransfer models to cow's milk and beef used in exposure assessment tools for organic pollutants」(2015-07)、「Modelling the bioaccumulation of persistent organic pollutants in agricultural food chains for regulatory exposure assessment」(2015-09)、「Modelling the bioaccumulation of persistent organic pollutants in agricultural food chains for regulatory exposure assessment」Environmental Science and Pollution Research (2017-02-04)、「Enhancing the use of exposure science across EU chemical policies as part of the European Exposure Science Strategy 2020_2030」Journal of Exposure Science & Environmental Epidemiology (2021-10-25)

環境省大臣官房環境保健部環境安全課長
Director, Environmental Health and Safety Division, Environmental
Health Department, Ministry of the Environment

吉 川 圭 子（よしかわ　けいこ）

千葉県出身.
お茶の水女子大学附属高等学校，東京理科大学理工学部土木工学科

平成7年	厚生省入省
平成14年	環境省大臣官房廃棄物・リサイクル対策部産業廃棄物課適正処理推進室有害廃棄物対策専門官
平成27年	環境省大臣官房廃棄物・リサイクル対策部廃棄物対策課浄化槽推進室浄化槽企画官
平成28年	環境省大臣官房廃棄物・リサイクル対策部廃棄物対策課浄化槽推進室長
平成29年7月	環境省環境再生・資源循環局廃棄物適正処理推進課浄化槽推進室長
平成29年8月	環境省水・大気環境局大気環境課大気生活環境室長
令和元年7月	環境省地球環境局総務課脱炭素化イノベーション研究調査室長
令和2年7月	国立研究開発法人国立環境研究所気候変動適応センター副センター長
令和5年8月	環境省大臣官房環境保健部環境安全課長

資格　技術士（環境部門，総合技術監理部門）
尊敬する人　小松左京

環境省大臣官房環境保健部環境安全課環境リスク評価室長
Director, Environmental Risk Assessment
Office

清 水 貴 也（しみず　たかや）
昭和58年 6 月 8 日生．福井県出身．

平成22年 4 月　厚生労働省入省
平成24年 4 月　環境省石綿健康被害対策室
令和 4 年 4 月　環境省大臣官房環境保健部環境安全課環境リスク評価室長

環境省大臣官房環境保健部放射線健康管理担当参事官
Director, Radiation Health Management Office, Environmental
Health Department

海老名　英　治 （えびな　えいじ）

埼玉県出身.
私立城北高等学校，信州大学医学部

平成16年5月	厚生労働省入省
平成23年4月	さいたま市保健福祉局保健部地域医療課長
令和2年4月	栃木県保健福祉部長
令和3年7月	環境省大臣官房環境保健部環境保健企画管理課特殊疾病対策室長
令和5年7月	環境省大臣官房環境保健部放射線健康管理担当参事官

環境省地球環境局長
Director-General, Global Environment Bureau

秦　　　康　之（はた　やすゆき）

京都大学工学部衛生工学科

平成26年4月	環境省地球環境局国際連携課国際地球温暖化対策室長
平成26年7月	環境省水・大気環境局放射性物質汚染対策担当参事官
平成27年8月	環境省水・大気環境局放射性物質汚染対策担当参事官（充）土壌環境課長
平成27年10月	内閣官房参事官
平成29年7月	環境省大臣官房環境計画課長
平成30年7月	環境省地球環境局総務課長
令和2年7月	環境省大臣官房総務課長
令和3年7月	環境省福島地方環境事務所長
令和4年7月	環境省水・大気環境局長
令和5年7月	環境省地球環境局長

環境省地球環境局特別国際交渉官
Deputy Director-General, Global Environment Bureau

小　川　眞佐子（おがわ　まさこ）

平成25年 7 月	環境省水・大気環境局総務課除染渉外広報室長
平成26年 7 月	環境省大臣官房総務課企画官（併）環境省水・大気環境 局総務課除染渉外広報室長
平成26年 7 月	環境省水・大気環境局総務課除染渉外広報室長
平成29年10月	環境省地球環境局総務課調査官
平成30年 1 月	環境省地球環境局国際地球温暖化対策担当参事官
令和元年 7 月	国際協力機構サモアチーフアドバイザー
令和 5 年 4 月	環境省大臣官房環境保健部環境安全課長
令和 5 年 8 月	環境省地球環境局特別国際交渉官

環境省地球環境局総務課長
Director, Policy and Coordination Division

井 上 和 也 （いのうえ　かずや）

	環境省大臣官房秘書課秘書官事務取扱　を経て
平成28年8月	環境省地球環境局総務課調査官
平成28年9月	原子力規制庁長官官房法規部門企画官
平成30年7月	環境省自然環境局国立公園課国立公園利用推進室長
令和元年7月	環境省地球環境局地球温暖化対策課市場メカニズム室長
令和4年7月	環境省地球環境局地球温暖化対策課長
令和5年7月	環境省地球環境局総務課長

環境省地球環境局総務課脱炭素社会移行推進室長
Director, Decarbonized Society Promotion Office

伊 藤 史 雄 （いとう　ふみお）

昭和51年3月9日生.　北海道出身.
東北大学大学院修了

平成12年4月　　環境庁入庁
令和2年7月　　環境省大臣官房総務課危機管理室長
令和2年9月　　国土交通省自動車局安全・環境基準課環境基準室長
令和4年4月　　国土交通省自動車局車両基準・国際課環境基準室長
令和4年7月　　環境省地球環境局総務課脱炭素社会移行推進室長

環境省地球環境局総務課気候変動適応室長 兼
気候変動科学室長
Director of Climate Change Adaptation
Office, Global Environment Bureau, Ministry
of the Environment

中 島 尚 子（なかじま　なおこ）

昭和45年 3 月 4 日生．兵庫県出身．A型
神戸女学院高等学部，京都大学農学部，
名古屋大学大学院農学研究科

平成27年12月	環境省自然環境局自然環境整備担当参事官付温泉地保護利用推進室長
平成28年 4 月	環境省自然環境局自然環境整備課温泉地保護利用推進室長
平成29年 4 月	環境省自然環境局自然環境計画課課長補佐
令和元年 7 月	環境省自然環境局国立公園課国立公園利用推進室長
令和 3 年 6 月	中間貯蔵・環境安全事業監査役
令和 5 年 7 月	環境省地球環境局総務課気候変動適応室長 兼 気候変動科学室長

環境省地球環境局総務課気候変動観測研究戦略室長
Director, Climate Change Observation Research Strategy Office

岡 野 祥 平 (おかの　しょうへい)

東京工業大学大学院基礎物理学専攻

平成17年4月　環境省入省
令和5年6月　環境省地球環境局総務課気候変動観測研究戦略室長

環境省地球環境局地球温暖化対策課長
Director of Climate Change Policy Division

吉　野　議　章（よしの　のりあき）

平成 9 年 4 月	環境庁入庁
平成28年 8 月	環境省大臣官房秘書課秘書官事務取扱
平成29年 8 月	環境省大臣官房総合政策課政策評価室長
平成30年 8 月	環境省大臣官房総務課広報室長
令和元年 9 月	環境省環境再生・資源循環局廃棄物適正処理推進課放射性物質汚染廃棄物対策室長
令和 3 年 7 月	環境省大臣官房付 兼 内閣官房内閣参事官
令和 5 年 7 月	環境省地球環境局地球温暖化対策課長

地球環境局

環境省地球環境局地球温暖化対策課地球温暖化
対策事業室長
Director, Climate Change Projects Office,
Climate Change Policy Division

塚　田　源一郎 （つかだ　げんいちろう）

昭和48年9月26日生．神奈川県出身．
巣鴨高等学校，東京大学工学部都市工学科

平成26年10月	環境省大臣官房廃棄物・リサイクル対策部企画課循環型社会推進室室長補佐（インドネシア共和国環境省派遣）
平成29年8月	環境省環境再生・資源循環局企画官
令和元年8月	兵庫県農政環境部参事（公益財団法人地球環境研究戦略機関APNセンター長）
令和3年7月	環境省地球環境局総務課気候変動適応室長
令和5年7月	環境省地球環境局地球温暖化対策課地球温暖化対策事業室長

環境省地球環境局地球温暖化対策課脱炭素ビジネス推進室長
Director, Office for Decarbonized Business Promotion

杉　井　威　夫（すぎい　たけお）

昭和50年6月2日生．静岡県出身．
一橋大学社会学部

平成12年4月	環境庁入庁
令和2年8月	環境省大臣官房総務課環境情報室長
令和3年7月	環境省大臣官房総合政策課環境教育推進室長（併）民間活動支援室長（併）環境計画課地域脱炭素企画官
令和3年10月	環境大臣秘書官事務取扱
令和4年8月	環境省大臣官房総務課広報室長
令和5年7月	環境省地球環境局地球温暖化対策課脱炭素ビジネス推進室長

地球環境局

環境省地球環境局地球温暖化対策課フロン対策室長
Director, office of Fluorocarbons Control Policy, Global Environment Bureau

香 具 輝 男 （こうぐ　てるお）

大阪府出身．
大阪府立四條畷高校，京都大学

平成11年4月	環境庁入庁
平成30年8月	環境省大臣官房総務課課長補佐（秘書課 併任）
令和2年4月	原子力規制庁長官官房総務課企画官
令和2年4月	原子力規制庁長官官房総務課法令審査室企画調整官
令和3年7月	和歌山県警察本部警務部長
令和5年6月	環境省地球環境局地球温暖化対策課フロン対策室長

環境省地球環境局地球温暖化対策課事業監理官（兼）総務課地球温暖化
対策事業監理室長（兼）大臣官房地域政策課地域脱炭素事業監理室長
Senior Project Management Officer

種　瀬　治　良（たねせ　はるよし）
昭和40年3月5日生．茨城県出身．
茨城県立土浦工業高等学校，

昭和58年4月	環境庁国立公害研究所入所
平成28年4月	環境省自然環境局総務課課長補佐
平成29年4月	環境省東北地方環境事務所総務課長
平成31年4月	独立行政法人国立環境研究所監査室長
令和3年4月	独立行政法人国立環境研究所総務部長
令和5年7月	環境省地球環境局地球温暖化対策課事業監理官（兼）総務課地球温暖化対策事業監理室長（兼）大臣官房地域政策課地域脱炭素事業監理室長

環境省地球環境局地球温暖化対策課脱炭素ライフスタイル推進室長
Director, Zero-Carbon Lifestyle Promotion Office Global Environment
Bureau

井　上　雄　祐（いのうえ　ゆうすけ）

平成15年4月　環境省入省
令和元年7月　環境省環境再生・資源循環局総務課制度企画室長
令和3年7月　環境省地球環境局総務課政策企画官
令和4年7月　環境省地球環境局地球温暖化対策課脱炭素ライフスタイ
　　　　　　　ル推進室長

環境省地球環境局国際連携課長
Director, International Strategy Division

川　又　孝太郎（かわまた　こうたろう）

平成24年9月　環境省地球環境局国際連携課国際協力室長
平成26年7月　環境省大臣官房廃棄物・リサイクル対策部産業廃棄物課
　　　　　　　適正処理・不法投棄対策室長
平成27年9月　ドイツ大使館参事官
平成30年7月　環境省大臣官房環境計画課長
令和2年7月　環境省環境再生・資源循環局参事官（環境再生事業担当）
令和3年10月　環境省水・大気環境局水環境課長
令和4年4月　（兼）土壌環境課長（併）地下水・地盤環境室長
令和4年7月　環境省地球環境局国際連携課長

環境省地球環境局国際連携課気候変動国際交渉室長
Director, Office of Climate Change Negotiation

青　竹　寛　子（あおたけ　ひろこ）

平成13年 7 月　　環境省
令和元年 5 月　　岐阜県環境生活部次長
令和 4 年 4 月　　環境省地球環境局国際連携課気候変動国際交渉室長

環境省地球環境局国際脱炭素移行推進・環境インフラ担当参事官
Director for International Cooperation for Transition to
Decarbonization and Sustainable Infrastructure

水 谷 好 洋 （みずたに　よしひろ）

昭和45年11月2日生．大阪府出身．A型
大阪府立三国丘高校，京都大学，
京都大学大学院工学研究科（修士）

平成9年4月	厚生省入省
平成28年7月	環境省地球環境局国際連携課国際協力室長
平成29年7月	環境省地球環境局地球温暖化対策課地球温暖化対策事業室長
平成30年7月	ドイツ大使館参事官
令和3年9月	環境省地球環境局国際地球温暖化対策担当参事官
令和4年4月	環境省地球環境局国際脱炭素移行推進・環境インフラ担当参事官

環境省地球環境局国際連携課地球環境情報分析官
Senior Analyst for Global Environment

中　野　正　博（なかの　まさひろ）

令和4年4月　環境省地球環境局国際連携課地球環境情報分析官

環境省水・大気環境局長
Director-General, Environmental Management Bureau

土　居　健太郎（どい　けんたろう）

平成 2 年 4 月	厚生省入省
平成21年 7 月	環境省水・大気環境局大気環境課大気生活環境室長
平成22年10月	環境省地球環境局総務課低炭素社会推進室長
平成26年 7 月	環境省地球環境局地球温暖化対策課長
平成27年10月	環境省東北地方環境事務所福島環境再生事務所長
平成29年 7 月	環境省福島地方環境事務所長
平成30年 4 月	環境省環境再生・資源循環局総務課長
令和 2 年 7 月	環境省大臣官房審議官
令和 3 年 7 月	環境省環境再生・資源循環局次長
令和 4 年 7 月	環境省環境再生・資源循環局長
令和 5 年 7 月	環境省水・大気環境局長

環境省水・大気環境局総務課長
Director, Policy and Coordination Division

鮎　川　智　一（あゆかわ　ともかず）

	環境省地球環境局総務課課長補佐　を経て
平成24年 9 月	原子力規制庁総務課企画調査官
平成26年 7 月	環境省大臣官房廃棄物・リサイクル対策部廃棄物対策課浄化槽推進室長
平成27年 7 月	環境省地球環境局地球温暖化対策課フロン対策室長
平成28年 4 月	環境省大臣官房総務課政策評価室長（併）環境情報室長
平成29年 7 月	環境省地球環境局地球温暖化対策課市場メカニズム室長
令和元年 7 月	環境省大臣官房環境影響評価課長
令和 2 年 7 月	環境省環境再生・資源循環局参事官（中間貯蔵）
令和 4 年 7 月	環境省環境再生・資源循環局総務課長
令和 5 年 7 月	環境省水・大気環境局総務課長

環境省水・大気環境局環境管理課長
Director, Environmental Management Division

筒 井 誠 二 （つつい　せいじ）

昭和44年生．東京都出身．
北海道大学，
北海道大学大学院（修士）修了

平成 6 年 4 月　厚生省入省
平成26年 9 月　環境省水・大気環境局総務課除染渉外広報室長
平成27年 8 月　環境省大臣官房廃棄物・リサイクル対策部産業廃棄物課
　　　　　　　　適正処理・不法投棄対策室長
平成29年 7 月　兵庫県農政環境部参事
令和元年 8 月　環境省水・大気環境局水環境課長
令和 3 年10月　環境省環境再生・資源循環局廃棄物適正処理推進課長
令和 3 年10月　環境再生事業担当参事官付災害廃棄物対策室長を兼任
令和 5 年 7 月　環境省水・大気環境局環境管理課長

環境省水・大気環境局環境管理課環境管理情報分析官
Senior Analyst for Environmental Management Information

辻　原　　　浩（つじはら　ひろし）

昭和44年3月6日生．岡山県出身．
岡山県立岡山大安寺高等学校，京都大学工学部

平成 3 年 4 月	厚生省採用（水道整備課）
平成 5 年 4 月	環境庁水質保全局水質規制課
平成21年 7 月	環境省地球環境局環境保全対策課
平成22年 7 月	ベトナム国天然資源環境省派遣（ＪＩＣＡ専門家）
平成24年 8 月	環境省地球環境局研究調査室長
平成26年 7 月	兵庫県農政環境部参事（ＡＰＮセンターセンター長）
平成29年 8 月	原子力規制庁長官官房技術基盤課長
令和元年 7 月	環境省地球環境局国際地球温暖化対策担当参事官
令和 3 年 8 月	内閣府科学技術・イノベーション推進事務局参事官
令和 5 年10月	環境省水・大気環境局環境管理課環境管理情報分析官

環境省水・大気環境局環境管理課環境汚染対策室長（兼）環境再生・資
源循環局廃棄物規制課ポリ塩化ビフェニル廃棄物処理推進室長
Director, Office of Environmental Pollution Control

鈴 木 清 彦 (すずき　きよひこ)

昭和52年 7 月12日生．静岡県出身．
国立沼津工業高等専門学校,
東北大学大学院工学研究科土木工学専攻

平成14年	環境省入省
平成26年	環境省福島地方環境事務所
令和 2 年	環境省水・大気環境局水環境課
令和 4 年	厚生労働省医薬・生活衛生局水道課
令和 5 年 7 月	環境省水・大気環境局環境管理課環境汚染対策室長（兼） 環境再生・資源循環局廃棄物規制課ポリ塩化ビフェニル 廃棄物処理推進室長

趣味　野球観戦

環境省水・大気環境局環境管理課農薬環境管理室長
Director of Agricultural Chemicals Control Office

吉 尾 綾 子 （よしお　あやこ）

神奈川県出身．東北大学，
東北大学大学院農学研究科

平成14年 4 月　農林水産省入省
令和 3 年 4 月　農林水産省消費・安全局農産安全管理課課長補佐（総括）
令和 5 年 4 月　環境省水・大気環境局水環境課農薬環境管理室長
令和 5 年 7 月　環境省水・大気環境局環境管理課農薬環境管理室長

環境省水・大気環境局モビリティ環境対策課長
Director, Environmental Mobility Policy Division

酒 井 雅 彦 (さかい　まさひこ)

千葉県出身.
東京工業大学大学院理工学研究科修了

平成 6 年 4 月	運輸省採用
平成28年 8 月	国土交通省関東運輸局自動車技術安全部長
平成30年 7 月	環境省水・大気環境局総務課調査官（併）環境管理技術室長
令和 2 年 7 月	国土交通省自動車局審査・リコール課長
令和 3 年 7 月	軽自動車検査協会審議役
令和 5 年 7 月	環境省水・大気環境局モビリティ環境対策課長

環境省水・大気環境局モビリティ環境対策課脱炭素モビリティ事業室長
Director, Decarbonized Mobility Projects Office

中 村 真 紀（なかむら　まき）

平成14年 4 月	環境省総合環境政策局総務課
令和 3 年 9 月	環境省自然環境局総務課課長補佐
令和 5 年 7 月	環境省水・大気環境局モビリティ環境対策課脱炭素モビリティ事業室長

環境省水・大気環境局海洋環境課長
Director, Marine Environment Division

大 井 通 博 （おおい　みちひろ）

昭和45年4月20日生．京都府出身．A型
峰山高校，京都大学理学部，
京都大学大学院理学研究科

平成 7 年 4 月	環境庁大気環境局大気規制課
平成15年 7 月	英国イーストアングリア大学留学
平成17年 7 月	環境省環境保健部化学物質審査官室長補佐
平成20年 7 月	経済協力開発機構（OECD）環境局出向
平成23年 7 月	環境省地球環境局国際地域温暖化対策室・地球環境問題交渉官
平成25年 7 月	環境省総合環境政策局環境保健部環境安全課長補佐
平成26年 7 月	環境省地球環境局国際連携課国際地球温暖化対策室長
平成28年 6 月	環境省総合環境政策局環境影響評価課環境影響審査室長
平成30年 7 月	環境省地球環境局総務課研究調査室長（併）気候変動適応室長
平成31年 4 月	環境省地球環境局総務課脱炭素化イノベーション研究調査室長
令和元年 7 月	環境省地球環境局国際連携課長
令和 4 年 7 月	環境省水・大気環境局水環境課長
令和 5 年 7 月	環境省水・大気環境局海洋環境課長

学生時代の所属部　　京大合唱団

環境省水・大気環境局海洋環境課企画官
Senior Assistant for Policy Planning

北　村　武　紀（きたむら　たけのり）

平成 7 年11月	科学技術庁入庁
平成21年 4 月	熊本大学研究国際部研究支援課長
平成25年 4 月	原子力規制庁放射線対策・保障措置課専門官
平成25年10月	放射線医学総合研究所研究基盤センター安全・施設部安全計画課長
平成27年11月	文部科学省科学技術・学術政策局産業連携・地域支援課課長補佐
平成30年 8 月	文部科学省研究振興局ライフサイエンス課生命倫理・安全対策室室長補佐
令和元年 6 月	内閣府宇宙開発戦略推進事務局参事官補佐
令和 4 年 7 月	環境省水・大気環境局水環境課企画官
令和 5 年 7 月	環境省水・大気環境局海洋環境課企画官

環境省水・大気環境局海洋環境課海域環境管理室長
Director, Office of Environmental Management of Coastal Seas

木 村 正 伸（きむら　まさのぶ）

岩手県出身.
岩手県立水沢高等学校,
早稲田大学大学院理工学研究科修士課程修了（物理学及び応用物理学専攻）

平成6年4月	環境庁入庁、大気保全局企画課広域大気管理室
平成8年7月	環境庁水質保全局土壌農薬課
平成10年7月	行政官長期在外研究員、ロンドン大学（UCL）
平成12年8月	環境庁大気保全局自動車環境対策第二課燃料係長
平成13年1月	環境省総合環境政策局環境研究技術室調整専門官
平成15年4月	環境省総合環境政策局環境保健部企画課化学物質審査室室長補佐
平成17年9月	環境省水・大気環境局土壌環境課農薬環境管理室室長補佐
平成20年7月	日本環境安全事業（株）事業部上席調査役
平成22年7月	環境省大臣官房廃棄物・リサイクル対策部企画課課長補佐
平成24年7月	環境省大臣官房廃棄物・リサイクル対策部産業廃棄物課課長補佐
平成25年7月	環境省総合環境政策局環境保健部企画課化学物質審査室長
平成26年7月	在ドイツ日本国大使館参事官
平成27年8月	内閣府政策統括官（科学技術・イノベーション担当）付参事官（基本政策担当）付企画官
平成29年7月	環境省地球環境局総務課研究調査室長（併）気候変動適応室長
平成30年7月	国立環境研究所環境情報部長
令和元年5月	国立環境研究所福島支部長
令和4年7月	環境省水・大気環境局水環境課閉鎖性海域対策室長
令和5年7月	環境省水・大気環境局海洋環境課海域環境管理室長

環境省水・大気環境局海洋環境課海洋プラスチック汚染対策室長
Director, Office of Policies against Marine Plastics Pollution

藤　井　好太郎（ふじい　こうたろう）

平成11年 4 月	環境庁入庁
令和元年 7 月	環境省大臣官房総務課環境情報室長（併）危機管理室長
令和 4 年 8 月	環境省水・大気環境局水環境課海洋プラスチック汚染対策室長
令和 5 年 7 月	環境省水・大気環境局海洋環境課海洋プラスチック汚染対策室長

環境省自然環境局長
Director-General, Nature Conservation Bureau

白 石 隆 夫 （しらいし　たかお）

昭和42年4月12日生.
早稲田大学政治経済学部

平成 2 年 4 月	大蔵省入省（銀行局総務課）
平成 8 年 7 月	国税庁調査査察部査察課課長補佐
平成10年 7 月	内閣事務官（内閣官房内閣内政審議室）
平成12年 7 月	大蔵省主計局主計企画官補佐（調整第一、三係主査）
平成13年 7 月	財務省主計局総務課補佐
平成14年 7 月	財務省主計局主計官補佐（内閣第一係主査）
平成16年 7 月	内閣官房郵政民営化準備室室員
平成17年 8 月	財務省主計局主計官補佐（総務・地方財政第一係主査）
平成18年 7 月	外務省経済開発協力機構日本政府代表部一等書記官
平成19年 1 月	外務省経済開発協力機構日本政府代表部参事官
平成21年 7 月	財務省主税局税制第一課主税企画官 兼 主税局税制第二課
平成22年 7 月	財務省大臣官房企画官 兼 主税局総務課
平成23年 7 月	財務省主税局総務課主税企画官 兼 主税局調査課
平成24年 8 月	内閣官房内閣参事官（内閣総務官室）兼 内閣官房国家戦略室室員
平成24年12月	内閣官房内閣参事官（内閣官房副長官補付）兼 内閣官房日本経済再生総合事務局参事官
平成26年 7 月	財務省主計局主計官（内閣、復興、外務、経済協力係担当）
平成27年 7 月	復興庁統括官付参事官
平成28年 6 月	環境省総合環境政策局総務課長
平成29年 7 月	環境省大臣官房総務課長
令和元年 7 月	環境省大臣官房審議官
令和 4 年 7 月	環境省大臣官房地域脱炭素推進審議官
令和 5 年 7 月	環境省自然環境局長

環境省自然環境局総務課長
Director, Policy Planning Division

松 下 雄 介（まつした　ゆうすけ）

昭和46年10月26日生．静岡県出身．
静岡県立藤枝東高校，東京大学法学部，
コーネル大学公共政策大学院

平成 7 年 4 月	建設省入省（建設経済局総務課）
平成10年 7 月	米国コーネル大学公共政策大学院留学
平成22年 4 月	千葉県総合企画部参事（兼）政策企画課長
平成23年 4 月	国土交通省総合政策局建設市場整備課専門工事業高度化推進官
平成25年 4 月	国土交通省大臣官房総務課企画官（総合政策局）
平成26年 5 月	国土交通省土地・建設産業局建設市場整備課労働資材対策室長
平成27年 7 月	高松市副市長
令和元年 7 月	内閣官房日本経済再生総合事務局参事官
令和 2 年10月	内閣官房成長戦略会議事務局参事官
令和 3 年 7 月	内閣官房内閣参事官（内閣官房副長官補付）（併）環境省大臣官房地域脱炭素政策調整官
令和 4 年 7 月	環境省大臣官房地域政策課長
令和 5 年 7 月	環境省自然環境局総務課長

自然環境局

環境省自然環境局総務課調査官
Senior Policy Coordinator

山 本 麻 衣 (やまもと　まい)

山口県出身.
山口県立徳山高校，東京大学農学部

平成7年4月	環境庁入省　環境省自然環境局野生生物課課長補佐、環境省自然環境局自然環境計画課課長補佐、長崎県自然環境課長などを経て
平成29年4月	環境省自然環境局自然環境整備課温泉地保護利用推進室長
令和2年7月	環境省自然環境局野生生物課希少種保全推進室長
令和4年7月	環境省自然環境局自然環境計画課生物多様性戦略推進室長
令和5年7月	環境省自然環境局総務課調査官

環境省自然環境局総務課国民公園室長

柴　田　泰　邦（しばた　やすくに）

令和4年7月　環境省自然環境局自然環境計画課生態系情報分析官
令和5年7月　環境省自然環境局総務課国民公園室長

自
然
環
境
局

環境省自然環境局総務課動物愛護管理室長
Director, Office of Animal Welfare and Management

立　田　理一郎 （たつた　りいちろう）

平成14年4月　環境省入省
令和4年7月　環境省関東地方環境事務所統括自然保護企画官（兼）次長
令和5年9月　環境省自然環境局総務課動物愛護管理室長

環境省自然環境局自然環境計画課長
Director of Biodiversity Policy Division

則 久 雅 司 (のりひさ　まさし)

昭和42年4月26日生．香川県出身．
香川県大手前高等学校，東京大学農学部，
東京大学大学院農学系研究科

平成4年4月	環境庁入庁
平成13年1月	環境省自然環境局自然環境計画課調整専門官
平成17年10月	環境省自然環境局国立公園課課長補佐
平成20年7月	環境省釧路自然環境事務所統括自然保護企画官
平成23年7月	鹿児島県環境林務部自然保護課長
平成26年4月	鹿児島県環境林務部参事 兼 自然保護課長
平成27年4月	環境省自然環境局自然環境計画課課長補佐
平成27年7月	環境省自然環境局総務課動物愛護管理室長
平成30年7月	環境省環境再生・資源循環局参事官
令和3年8月	環境省自然環境局野生生物課長
令和4年7月	環境省自然環境局国立公園課長
令和5年7月	環境省自然環境局自然環境計画課長

自然環境局

環境省自然環境局自然環境計画課自然環境情報分析官
Senior Analyst for Biodiversity Information, Biodiversity Policy
Division

中　尾　文　子（なかお　ふみこ）
愛知県出身.
愛知県立旭丘高校，東京大学,
ゲルフ大学大学院

平成25年6月	環境省自然環境局総務課自然ふれあい推進室長
平成27年4月	環境省自然環境局国立公園課国立公園利用推進室長
平成27年7月	環境省自然環境局自然環境計画課生物多様性地球戦略企画室長
平成29年7月	環境省自然環境局総務課調査官
平成30年7月	環境省自然環境局国立公園課長
令和元年7月	環境省自然環境局野生生物課長
令和3年8月	北海道大大学院公共政策学連携研究部付属公共政策学研究センター教授
令和5年9月	環境省自然環境局自然環境計画課自然環境情報分析官

学生時代の所属部　東大エコロジーを考える会，旭丘剣道部
尊敬する人　レイチェル・カーソン

環境省自然環境局自然環境計画課生物多様性戦略推進室長
Director, Biodiversity Strategy Office, Nature Conservation Bureau,
Ministry of the Environment of Japan

鈴　木　　　渉（すずき　わたる）
昭和42年4月24日生．福島県出身．
福島県立原町高校，筑波大学環境科学研究科

平成6年4月　環境庁入庁
　　　　　　　環境省自然環境局総務課長補佐（生物多様性条約事務局
　　　　　　　派遣）
令和5年7月　環境省自然環境局自然環境計画課生物多様性戦略推進室長

自 然 環 境 局

主要著書　「留学先は国立公園！」ゴマブックス（単著）、「儲かる農業を
やりなさい！」マネジメント社、「基礎から学ぶ環境学」朝倉書店、「生
物多様性・生態系と経済の基礎知識」中央法規、「生物多様性と企業経
営」環境経営学会（以上、共著）、「アメリカ横断ボランティア紀行
（EICネット：https://www.eic.or.jp/library/volunteer/）」（ブログ）
好きな言葉　喫茶去
尊敬する人　二宮尊徳

環境省自然環境局自然環境計画課生物多様性主流化室長
Director, Office for Mainstreaming Biodiversity, Biodiversity Policy
Division, Nature Conservation Bureau, Ministry of the Environment

浜 島 直 子 （はましま　なおこ）

昭和56年2月2日生．神奈川県出身．AB型
フェリス女学院高校，東京外国語大学英語学科，
コーネル大学公共政策大学院

平成15年4月	環境省環境管理局総務課
平成16年4月	環境省総合環境政策局環境経済課
平成18年3月	環境省環境保健部石綿健康被害対策室係長
平成19年4月	環境省環境保健部企画課係長
平成20年7月	内閣官房地域活性化統合事務局主査
平成22年8月	人事院長期在外派遣（コーネル大学公共政策大学院）
平成24年6月	環境省大臣官房政策評価広報課課長補佐
平成24年10月	環境省大臣官房秘書課（副大臣秘書官）
平成25年10月	環境省総合環境政策局環境計画課課長補佐
平成27年7月	環境省水・大気環境局除染チーム参事官補佐
平成29年9月	育児休業
平成31年4月	中間貯蔵・環境安全事業株式会社PCB処理営業部営業企画課長
令和2年4月	千葉商科大学基盤教育機構准教授
令和4年8月	環境省自然環境局自然環境計画課生物多様性主流化室長

主 要 論 文　Designing an International Carbon Tax: Addressing
"Fairness" Concerns through a Revenue Distribution Mechanism（May
2012, 修士論文，未公刊）、炭素配当の世帯属性別効果及び必要性に関する
一考察『環境福祉学研究』6.1（2021）:17-28、統合報告書のトップメッセー
ジに見る企業の意識表明と情報開示の進展との関係について『環境福
祉学研究』（2022）、地球温暖化教育による学習の時期・内容と意識変容，
政策受容度との関係等について『環境情報科学論文集 Vol. 36』（2022年度
環境情報科学研究発表大会）一般社団法人 環境情報科学センター（2022）

環境省自然環境局国立公園課長
Director, National Park Division, Nature Conservation Bureau

番 匠 克 二（ばんしょう　かつじ）

昭和43年10月10日生.　兵庫県出身.
東京大学,
東京大学大学院農学系研究科

平成 5 年 4 月	環境庁入庁
平成20年 4 月	環境省関東地方環境事務所日光自然環境事務所長
平成23年 7 月	環境省自然環境局自然環境整備担当参事官室参事官補佐
平成26年 7 月	環境省北海道地方環境事務所統括自然保護企画官
平成28年 4 月	環境省自然環境局野生生物課希少種保全推進室長
令和元年 7 月	環境省自然環境局総務課調査官
令和 3 年 8 月	環境省環境再生・資源循環局参事官（特定廃棄物対策）
令和 4 年 9 月	環境省北海道地方環境事務所長
令和 5 年 7 月	環境省自然環境局国立公園課長

環境省自然環境局国立公園課国立公園利用推進室長
Director, National Park Visitor Use Promotion Office

水　谷　　努（みずたに　つとむ）

昭和51年2月28日生．東京都出身．A型
東京都立神代高校，早稲田大学法学部

平成12年4月	環境庁大臣官房秘書課
平成12年4月	環境庁自然保護局企画調整課
平成13年1月	環境省自然環境局総務課
平成13年4月	環境省大臣官房総務課
平成14年7月	環境省大臣官房廃棄物・リサイクル対策部企画課
平成15年4月	環境省大臣官房廃棄物・リサイクル対策部企画課調査計画係長
平成16年7月	環境省大臣官房環境保健部企画課企画法令係長
平成17年7月	環境省大臣官房総務課法令係長
平成18年7月	環境省大臣官房総務課企画係長
平成19年7月	環境省大臣官房総務課課長補佐
平成19年9月	環境省大臣官房秘書課課長補佐（大臣政務官秘書事務取扱）
平成20年8月	環境省大臣官房廃棄物・リサイクル対策部企画課課長補佐
平成22年6月	外務省在ジュネーブ国際機関日本政府代表部一等書記官
平成26年5月	環境省水・大気環境局放射性汚染物質対策担当参事官室参事官補佐
平成27年7月	横浜市資源循環局担当課長
平成29年7月	環境省地球環境局総務課課長補佐（兼）政策企画官
令和元年7月	環境省環境再生・資源循環局総務課課長補佐（兼）政策企画官
令和2年8月	環境省地球環境局総務課課長補佐（兼）政策企画官
令和3年7月	原子力規制庁長官官房総務課企画官（兼）法令審査室企画調整官
令和4年7月	環境省環境再生・資源循環局総務課リサイクル推進室長（併）循環型社会推進室長
令和5年7月	環境省自然環境局国立公園課国立公園利用推進室長

趣味　スポーツ観戦、旅行
学生時代の所属部　応援部
好きな言葉　実るほど頭を垂れる稲穂かな

環境省自然環境局自然環境整備課長
Director, Division for Park Facilities and Conservation Technology

萩 原 辰 男 （はぎわら　たつお）

昭和39年 6 月 4 日生．埼玉県出身．
埼玉県立越ケ谷高等学校,

昭和58年 4 月	環境庁入庁
平成30年 4 月	環境省水・大気環境局総務課課長補佐
令和元年 7 月	環境省大臣官房秘書課課長補佐
令和 3 年 4 月	環境省大臣官房秘書課調査官
令和 4 年 4 月	環境省自然環境局自然環境整備課長

環境省自然環境局自然環境整備課温泉地保護利用推進室長
Director, Office for Conservation and Promotion of Hot Springs

坂　口　　　隆（さかぐち　たかし）
茨城県出身.

平成15年4月　環境省入省
令和3年8月　環境省中部地方環境事務所統括自然保護企画官（併：次長）
令和4年4月　環境省近畿地方環境事務所統括自然保護企画官（併：次長）
令和5年7月　環境省自然環境局自然環境整備課温泉地保護利用推進室長

環境省自然環境局野生生物課長
Director of Wildlife Division

中 澤 圭 一 （なかざわ　けいいち）

　　　　　　　中間貯蔵・環境安全事業株式会社管理部次長
平成29年 8 月　環境省自然環境局自然環境計画課生物多様性戦略推進室長
令和 4 年 7 月　環境省自然環境局野生生物課長

環境省自然環境局野生生物課鳥獣保護管理室長
Director, Office for Wildlife Management

宇賀神　知　則（うがじん　とものり）

昭和46年 2 月17日生．東京都出身．
東京都立青井高校，筑波大学第二学群農林学類，
筑波大学大学院環境科学研究科

平成 7 年 4 月	環境庁入庁（長官官房秘書課）
平成 7 年 4 月	山陰地区国立公園・野生生物事務所大山管理官
平成 8 年 4 月	山陰海岸国立公園浦富管理官事務所浦富管理官
平成 9 年 7 月	環境庁自然保護局国立公園課
平成12年 4 月	中部地区自然保護事務所万座自然保護官事務所万座自然保護官
平成14年 4 月	国土交通省国土計画局総合計画課専門調査官
平成16年 9 月	大臣官房秘書課環境大臣政務官事務取扱
平成17年 8 月	自然環境局野生生物課課長補佐
平成18年 9 月	北海道地方環境事務所国立公園・保全整備課長
平成20年 8 月	自然環境局野生生物課外来生物対策室室長補佐
平成23年 7 月	関東地方環境事務所日光自然環境事務所長
平成25年 5 月	自然環境局総務課自然ふれあい推進室室長補佐
平成27年 4 月	東北地方環境事務所福島環境再生事務所中間貯蔵施設等整備事務所中間貯蔵施設浜通り事務所長
平成28年 9 月	中国四国地方環境事務所保全統括官（併）高松事務所長（30.4〜四国事務所長）
平成31年 4 月	自然環境局総務課新宿御苑管理事務所長
令和元年 7 月	（併）総務課国民公園室長
令和 3 年 7 月	九州地方環境事務所保全統括官 兼 沖縄奄美自然環境事務所長
令和 5 年 7 月	環境省自然環境局野生生物課鳥獣保護管理室長

趣味　尺八，法螺貝，琉球横笛
学生時代の所属部　ラグビー部

環境省自然環境局野生生物課希少種保全推進室長
Director, Office for Conservation of Endagered Species

河　野　通　治 （こうの　みちはる）

昭和45年1月24日生. 京都府出身.
京都大学工学部

平成 7 年 4 月	環境庁入庁
平成24年10月	環境省自然環境局自然環境計画課生物多様性地球戦略企画室室長補佐
平成26年 4 月	環境省自然環境局野生生物課長補佐
平成27年 4 月	環境省自然環境局国立公園課長補佐
平成29年 5 月	環境省北海道地方環境事務所釧路自然環境事務所国立公園調整官
平成30年 7 月	環境省大臣官房環境経済課環境教育推進室長
平成31年 4 月	環境省大臣官房総合政策課環境教育推進室長（併）民間活動支援室長
令和元年 7 月	中間貯蔵・環境安全事業株式会社管理部次長 兼 経営企画課長
令和 4 年 8 月	環境省自然環境局野生生物課希少種保全推進室長

自然環境局

環境省自然環境局野生生物課外来生物対策室長
Director, Office for Alien Species Management, Nature Conservation
Bureau, Ministry of the Environment

松 本 英 昭 (まつもと　ひであき)

昭和46年生．鳥取県出身．
鳥取県立米子東高等学校，東北大学理学部，
岐阜大学大学院

平成 9 年	環境省入庁
令和 2 年 8 月	環境省自然環境局生物多様性センター長
令和 5 年 9 月	環境省自然環境局野生生物課外来生物対策室長

学生時代の所属部　　囲碁部

環境省自然環境局皇居外苑管理事務所長
Director, kokyogaien National Garden Office

中 村 邦 彦 (なかむら　くにひこ)

東京都出身.
専修大学

平成30年4月	環境省大臣官房会計課監査指導室長
令和2年4月	独立行政法人環境再生保全機構補償業務部長
令和3年4月	環境省自然環境局皇居外苑管理事務所長

自
然
環
境
局

環境省自然環境局京都御苑管理事務所長
Director, Kyoto Gyoen National Garden Office

田 中 英 二（たなか　えいじ）

昭和47年7月27日生．広島県出身．
私立修道高校，東京大学，
東京大学大学院

平成10年4月	環境庁入庁
平成17年10月	環境省自然環境局国立公園課保護管理専門官
平成19年1月	環境省自然環境局野生生物課外来生物対策室移入生物専門官
平成21年4月	在ケニア日本国大使館一等書記官
平成24年4月	環境省九州地方環境事務所野生生物課長
平成26年7月	環境省中部地方環境事務所国立公園・保全整備課長
平成27年4月	環境省地球環境局国際連携課長補佐
平成30年4月	国連大学サステナビリティ高等研究所SATOYAMAイニシアティブ調整官
平成31年4月	環境省自然環境局自然環境計画課生物多様性国際企画官
令和4年9月	環境省自然環境局京都御苑管理事務所長

主要著書　『環境政策論講義　SDGs達成に向けて』（共著）（竹本和彦編，東京大学出版会，2020年）
主要論文　『外来水生生物対策に関する環境省の取り組み　特集　水産業と外来生物』（日本水産学会誌　Vol.73, No.6, 2007年11月）
資格　実用英検準1級，国連英検B級，測量士補，漢字検定2級，旅行地理検定2級
趣味　旅行，登山，音楽鑑賞
学生時代の所属部　ワンダーフォーゲル部

環境省自然環境局新宿御苑管理事務所長
Director, Shinjuku Gyoen National Garden Management Office

曽 宮 和 夫 （そみや　かずお）

昭和43年3月15日生.　大分県出身.
大分県立佐伯鶴城高校, 広島大学総合科学部卒,
広島大学大学院生物圏科学研究科博士課程前期修了

平成5年4月	環境庁入庁
平成27年5月	環境省自然環境局外来生物対策室長
平成30年7月	環境省自然環境局生物多様性センター長
令和2年8月	環境省大臣官房総合政策課環境研究技術室長
令和3年8月	環境省自然環境局新宿御苑管理事務所長（併）総務課国民公園室長
令和5年7月	併任解除

自
然
環
境
局

環境省自然環境局千鳥ヶ淵戦没者墓苑管理事務所長
Director, Chidorigafuchi National Cemetery Office

吉 成 信 行 (よしなり　のぶゆき)

令和4年9月　環境省自然環境局千鳥ヶ淵戦没者墓苑管理事務所長

Nature Conservation Bureau 自然環境局■

環境省自然環境局生物多様性センター長
Director, Biodiversity Center of Japan

高 橋 啓 介 (たかはし　けいすけ)
群馬県出身.
早稲田大学大学院理工学研究科建設工学専攻

平成 8 年 4 月　環境庁入庁
令和 5 年 9 月　環境省自然環境局生物多様性センター長

自
然
環
境
局

環境省環境再生・資源循環局長
Director-General, Environment Regeneration and Material Cycles
Bureau

前　佛　和　秀（ぜんぶつ　かずひで）
昭和41年8月30日生．北海道出身．
北海道大学大学院工学研究科土木工学専攻

平成3年4月　　建設省入省
平成22年4月　　国土交通省中部地方整備局沼津河川国道事務所長
平成24年4月　　国土交通省土地・建設産業局建設業課建設業技術企画官
平成25年8月　　国土交通省道路局高速道路課有料道路調整室長
平成27年4月　　秋田県建設部建設技監
平成28年4月　　秋田県建設部長
平成29年7月　　国土交通省九州地方整備局道路部長
令和2年6月　　国土交通省道路局国道・技術課長
令和3年7月　　環境省大臣官房審議官
令和4年7月　　環境省環境再生・資源循環局次長
令和5年7月　　環境省環境再生・資源循環局長

環境省環境再生・資源循環局次長
Deputy Director-General, Environment Regeneration and Material
Cycles Bureau

角 倉 一 郎 (すみくら　いちろう)

石川県出身.
金沢大学付属高校，東京大学法学部，
Imperial College London（Ph.D. Candidate），
政策研究大学院大学（博士（政治・政策研究））

平成 3 年 4 月	環境庁入庁
平成21年 9 月	環境大臣秘書官（事務取扱）
平成22年 9 月	環境省大臣官房総務課企画官
平成23年 4 月	環境省大臣官房付（政策研究大学院大学）
平成24年 7 月	環境省地球環境局地球温暖化対策課市場メカニズム室長
平成24年 9 月	内閣官房副長官補付内閣参事官兼原子力規制組織等改革 推進室参事官
平成26年 9 月	環境省大臣官房廃棄物・リサイクル対策部産業廃棄物課長
平成28年 6 月	環境省地球環境局総務課長
平成30年 7 月	環境省大臣官房総合政策課長
令和元年 7 月	環境省大臣官房会計課長
令和 2 年 7 月	環境省大臣官房秘書課長
令和 3 年 3 月	内閣官房気候変動対策推進室参事官
令和 3 年 7 月	環境省大臣官房政策立案総括審議官
令和 5 年 7 月	環境省環境再生・資源循環局次長

資環
源境
循再
環生
局・

主要著書　『ポスト京都議定書を巡る多国間交渉：規範的アイデアの衝突
と調整の政治力学』法律文化社、2015年
資格　TOEIC 990点、英検 1 級

環境省環境再生・資源循環局総務課長

Director, Policy and Coordination Division, Environment
Regeneration and Material Cycles Bureau

波戸本　　尚（はともと　ひさし）

昭和47年8月23日生.　大阪府出身.
東京大学法学部

平成8年4月	大蔵省入省
平成14年6月	国税庁調査査察部査察課課長補佐
平成15年7月	国税庁長官官房総務課課長補佐
平成16年7月	金融庁監督局銀行第二課金融会社室課長補佐
平成17年6月	財務省大臣官房秘書課 兼 文書課課長補佐
平成19年7月	財務省主税局総務課課長補佐
平成20年7月	財務省主税局税制第一課課長補佐
平成22年7月	財務省主計局調査課課長補佐
平成23年7月	財務省主計局主計官補佐（内閣第一係、復興係）
平成24年7月	財務省主計局主計官補佐（経済産業第一、第二係）
平成25年6月	財務省主税局税制第一課長補佐 兼 税制第一課法令企画室長
平成27年7月	財務省主税局総務課長補佐 兼 税制企画室長
平成28年6月	米国大使館参事官
令和元年7月	財務省理財局国有財産調整課長
令和2年7月	財務省主計局主計官（農林水産係担当）
令和3年7月	環境省大臣官房環境経済課
令和5年7月	環境省環境再生・資源循環局総務課長

環境省環境再生・資源循環局総務課循環指標情報分析官
Senior Analyst for Circulation index information

外 山 洋 一（とやま　よういち）
神奈川県出身.

平成28年 8 月	厚生労働省職業能力開発局海外協力課調査官
平成29年 4 月	厚生労働省職業能力開発局キャリア形成支援課調査官
平成29年 7 月	厚生労働省人材開発統括官付参事官（若年者・キャリア 形成支援担当）付調査官
平成30年 7 月	兵庫県農政環境部参事
令和 4 年10月	環境省環境再生・資源循環局総務課循環指標情報分析官

環境省環境再生・資源循環局総務課循環型社会推進企画官
Senior Assistant for Policy Planning, Office for Promotion of Sound
Material-Cycle Society

岡　野　隆　宏 （おかの　たかひろ）

平成 9 年 4 月	環境庁入庁
令和 2 年 7 月	環境省自然環境局自然環境整備課温泉地保護利用推進室長
令和 3 年 7 月	環境省自然環境局国立公園課国立公園利用推進室長（併）環境再生・資源循環局総務課循環型社会推進企画官
令和 5 年 7 月	環境省北海道地方環境事務所保全統括官（併）環境再生・資源循環局総務課循環型社会推進企画官

**環境省環境再生・資源循環局総務課循環型社会推進室長（兼）リサイク
ル推進室長**
Director, Office for Promotion of Sound Material-Cycle Society and
Director, Office for Recycling Promotion

近 藤 亮 太（こんどう　りょうた）

昭和50年8月13日生．埼玉県富士見市出身．A型
駒場東邦，東京大学，シラキュース大学マックスウェル校，
ニューヨーク州立大学森林・環境科学学部

平成28年	原子力規制庁長官官房総務課企画官
平成29年7月	環境省大臣官房総合政策課長補佐
平成30年7月	警察庁生活安全企画課都市防犯対策官
令和2年7月	環境省大臣官房総務課広報室長
令和3年7月	中間貯蔵・環境安全事業管理部長
令和5年7月	環境省環境再生・資源循環局総務課循環型社会推進室長 （兼）リサイクル推進室長

環境再生・
資源循環局

環境省環境再生・資源循環局廃棄物適正処理推進課長（併）環境再生事業担当参事官付災害廃棄物対策室長
Director, Waste Management Division ／ Office of Disaster Waste Management

松　﨑　裕　司 （まつざき　ゆうじ）

昭和46年6月30日生．兵庫県出身．
京都大学大学院理学研究科

平成13年4月　　環境省入省
平成30年7月　　環境省水・大気環境局水環境課課長補佐
平成30年10月　　環境省福島地方環境事務所中間貯蔵部調整官
令和2年4月　　環境省環境再生・資源循環局廃棄物規制課課長補佐
令和4年7月　　環境省地球環境局地球温暖化対策課地球温暖化対策事業室長
令和5年7月　　環境省環境再生・資源循環局廃棄物適正処理推進課長（併）環境再生事業担当参事官付災害廃棄物対策室長

環境省環境再生・資源循環局廃棄物適正処理推進課浄化槽推進室長
Director, Office for Promotion of Johkasou, Waste Management
Division Environmental

沼 田 正 樹（ぬまた　まさき）

平成12年 4 月	環境庁入庁
令和元年 7 月	横浜市温暖化対策統括本部企画調整部担当部長
令和 3 年 7 月	環境省大臣官房総務課広報室長
令和 4 年 7 月	環境省環境再生・資源循環局廃棄物適正処理推進課浄化槽推進室長

資源循環環局・
環境再生・

環境省環境再生・資源循環局廃棄物適正処理推進課放射性物質汚染廃棄
物対策室長
Director, Office for Management of Waste Contaminated with
Radioactive Materials

林　　　　　誠 （はやし　まこと）

平成11年 4 月	厚生省入省
平成30年 7 月	厚生労働省医薬・生活衛生局水道課長補佐
令和元年 7 月	厚生労働省医薬・生活衛生局水道課水道水質管理官（水道水質管理室長 併任）
令和 3 年 7 月	富山県生活環境文化部次長
令和 5 年 7 月	環境省環境再生・資源循環局廃棄物適正処理推進課放射性物質汚染廃棄物対策室長

環境省環境再生・資源循環局廃棄物規制課長（併）不法投棄原状回復事業対策室長
Director, Industrial and Hazardous Waste Management Division

松　田　尚　之（まつだ　たかゆき）

平成29年7月	環境省環境再生・資源循環局廃棄物適正処理推進課浄化槽推進室長
令和2年7月	環境省大臣官房環境計画課長
令和4年7月	環境省環境再生・資源循環局廃棄物規制課長（併）不法投棄原状回復事業対策室長（併）ポリ塩化ビフェニル廃棄物処理推進室長
令和5年7月	免 兼 ポリ塩化ビフェニル廃棄物処理推進室長

環境省環境再生・資源循環局参事官（総括）
Director for General Affairs

原　田　昌　直（はらだ　まさなお）

平成4年4月	建設省入省
平成28年4月	一般財団法人水源地環境センター水源地環境技術研究所次長
平成30年7月	国土交通省水管理・国土保全局防災課大規模地震対策推進室長
平成31年4月	国土交通省大臣官房付
令和元年7月	国土交通省関東地方整備局常陸河川国道事務所長
令和3年7月	国土交通省四国地方整備局河川部長
令和4年6月	国土交通省四国地方整備局企画部長
令和5年7月	環境省環境再生・資源循環局参事官（総括）

環境省環境再生・資源循環局参事官（特定廃棄物）
Director, Office of Specified Waste Management

長　田　　啓 (おさだ　けい)

昭和46年 9 月 6 日生.
埼玉県立浦和高校，東京工業大学工学部社会工学科

	環境省佐渡自然保護官事務所首席自然保護官
	環境省自然環境局国立公園課課長補佐
	鹿児島県環境林務部自然保護課長　などを経て
平成29年 8 月	環境省自然環境局自然環境計画課生物多様性主流化室長
平成30年 7 月	環境省自然環境局総務課動物愛護管理室長
令和 3 年 8 月	環境省自然環境局総務課調査官
令和 5 年 7 月	環境省環境再生・資源循環局参事官（特定廃棄物）

資源循環環局・

環境省環境再生・資源循環局参事官（除染）
Director, Office of Environmental Regeneration

中 野 哲 哉 (なかの　てつや)

昭和47年9月5日生．北海道出身．
北海道旭川東高等学校，北海道大学

平成 8 年 4 月	北海道庁入庁
平成18年 4 月	環境省水・大気環境局総務課ダイオキシン対策室排出削減係長
平成22年 7 月	環境省水・大気環境局大気環境課大気生活環境室室長補佐
平成24年 1 月	環境省水・大気環境局総務課課長補佐
平成26年 1 月	環境省大臣官房廃棄物・リサイクル対策部産業廃棄物課課長補佐
平成28年 7 月	東北地方環境事務所保全統括官
平成30年 7 月	環境省水・大気環境局総務課長補佐
令和元年 5 月	環境省水・大気環境局水環境課閉鎖性海域対策室長
令和 2 年 8 月	環境省環境再生・資源循環局企画官（併）除染業務室長
令和 3 年 4 月	環境省環境再生・資源循環局企画官（併）福島再生・未来志向プロジェクト推進室長
令和 3 年 7 月	復興庁統括官付参事官付企画官（併任）
令和 3 年10月	環境省環境再生・資源循環局企画官
令和 5 年 4 月	環境省環境再生・資源循環局参事官（除染）
令和 5 年 4 月	環境省環境再生・資源循環局参事官（特定廃棄物）（併任）

環境省環境再生・資源循環局参事官（中間貯蔵）
Director, Office of Facilities for Contaminated Waste and Soil

内 藤 冬 美 （ないとう　ふゆみ）

平成 9 年 4 月	環境庁入庁
平成19年 7 月	外務省在ジュネーブ国際機関日本政府代表部一等書記官
平成22年 7 月	環境省総合政策局環境経済課課長補佐
平成26年 4 月	環境省自然環境局総務課課長補佐
平成28年 7 月	環境省大臣官房総務課課長補佐
平成30年 8 月	環境省大臣官房総合政策課政策評価室長
令和 2 年 4 月	環境省地球環境局地球温暖化対策課脱炭素ビジネス推進室長（令和 2 年 1 月〜　環境大臣室）
令和 4 年 7 月	環境省環境再生・資源循環局参事官（中間貯蔵）

環境省環境再生・資源循環局企画官
Senior Assistant for Policy Planning

戸ヶ崎　　康（とがさき　こう）

昭和43年7月9日生.
東海大学工学部航空宇宙学科

平成4年4月	科学技術庁原子力局調査国際協力課
平成6年4月	科学技術庁原子力安全局核燃料規制課核燃料物質輸送対策室
平成7年11月	科学技術庁原子力安全局核燃料規制課
平成8年7月	科学技術庁原子力安全局核燃料規制課規制第一係長
平成10年4月	科学技術庁原子力安全局原子炉規制課審査係長
平成12年7月	資源エネルギー庁公益事業部原子力発電安全企画審査課安全審査官
平成13年1月	原子力安全・保安院原子力安全審査課安全審査官
平成14年4月	文部科学省科学技術・学術政策局原子力安全課査察官
平成14年9月	国際原子力機関（オーストリア国ウィーンに派遣（18年3月まで))
平成18年4月	文部科学省科学技術・学術政策局原子力安全課原子力規制室原子力施設検査官
平成19年1月	文部科学省科学技術・学術政策局原子力安全課原子力規制室室長補佐
平成21年4月	放射線医学総合研究所基盤技術センター安全・施設部放射線安全課長
平成22年9月	文部科学省大臣官房人事課専門官
平成25年11月	原子力規制庁総務課課長補佐（採用担当）
平成26年3月	原子力規制庁原子力規制部原子力規制企画課課長補佐（総括担当）
平成27年9月	原子力規制庁長官官房企画官
令和元年7月	原子力規制庁原子力規制部研究炉等審査部門安全規制調整官（試験炉担当）
令和3年7月	原子力規制庁原子力規制部実用炉審査部門安全規制調整官（実用炉審査担当）
令和5年7月	環境省環境再生・資源循環局企画官

資格　第一種放射線取扱主任者免状取得

●原子力規制庁

原子力規制委員会委員長
Chairman, NRA

山 中 伸 介 （やまなか　しんすけ）

昭和30年12月生. 兵庫県出身.
大阪大学,
大阪大学大学院

昭和58年 6 月　大阪大学工学部助手
平成 6 年12月　大阪大学工学部助教授
平成10年 5 月　大阪大学大学院工学研究科教授
平成22年 4 月　大阪大学大学院工学研究科附属フロンティア研究センタ
　　　　　　　ー長
平成28年 4 月　大阪大学大学院工学研究科附属オープンイノベーション
　　　　　　　教育研究センター長
平成28年 8 月　大阪大学理事・副学長
平成29年 8 月～ 9 月　大阪大学大学院工学研究科教授
平成29年 9 月　原子力規制委員会委員
令和 4 年 9 月　原子力規制委員会委員長

原子力規制委員会

原子力規制委員会委員
Commissioner, NRA

田　中　　　知 （たなか　さとる）

昭和25年3月生．大阪府出身．
大阪府立三国丘高等学校，東京大学工学部原子力工学科，
東京大学大学院工学系研究科博士課程修了

昭和52年12月　東京大学工学部助手（原子力工学）
昭和56年10月　東京大学工学部助教授（工学部付属原子力工学研究施
　　　　　　　　設・茨城県東海村）
平成6年2月　　東京大学大学院工学系研究科教授（システム量子工学専攻）
平成20年4月　　東京大学大学院工学系研究科教授（原子力国際専攻）
平成26年9月　　原子力規制委員会委員
平成27年6月　　東京大学名誉教授

原子力規制委員会委員
Commissioner, NRA

杉 山 智 之 (すぎやま　ともゆき)

昭和43年5月生．静岡県出身．A型
静岡県立藤枝東高校，東京工業大学，
東京工業大学理工学研究科博士課程修了（機械工学）

平成8年4月	日本原子力研究所入所
平成22年7月	独立行政法人日本原子力研究開発機構安全研究センター燃料安全研究グループ研究主幹
平成26年4月	原子力規制庁技術基盤課原子力規制専門職
平成28年4月	国立研究開発法人日本原子力研究開発機構安全研究・防災支援部門安全研究センター研究主席・シビアアクシデント評価研究グループリーダー
平成30年4月	国立研究開発法人日本原子力研究開発機構安全研究・防災支援部門安全研究センターリスク評価研究ディビジョン長
令和2年4月	国立研究開発法人日本原子力研究開発機構安全研究・防災支援部門安全研究センター原子炉安全研究ディビジョン長
令和4年4月	国立研究開発法人日本原子力研究開発機構安全研究・防災支援部門安全研究センター副センター長
令和4年9月	原子力規制委員会委員

原子力規制委員会

原子力規制委員会委員
Commissioner, NRA

伴　　信　彦（ばん　のぶひこ）
昭和38年 7 月12日生．東京大学，
東京大学大学院

昭和63年	動力炉・核燃料開発事業団
平成 5 年	東京大学医学部医学科助手
平成10年	大分県立看護科学大学看護学部講師
平成16年	大分県立看護科学大学看護学部助教授
平成23年	東京医療保健大学東が丘看護学部教授
平成27年 9 月	原子力規制委員会委員

原子力規制委員会委員
Commissioner, NRA

石　渡　　　明（いしわたり　あきら）

昭和28年 4 月生．神奈川県出身．A型
東京都立神代高校，横浜国立大学，
金沢大学大学院，
東京大学大学院理学系研究科博士課程修了（地質学）

昭和57年 4 月	パリ第 6 大学構造地質学科助手
昭和61年 1 月	金沢大学理学部助手
平成 4 年 6 月	金沢大学理学部助教授
平成15年 7 月	金沢大学理学部教授
平成20年 4 月	東北大学東北アジア研究センター教授（基礎研究部門地球化学研究分野）
平成26年 9 月	原子力規制委員会委員

主要著書　『東北アジア大地のつながり』（共著、2011年東北大学出版会）、
『火成作用（フィールドジオロジー 8 ）』（共著、2012年共立出版）、『Q&A
火山噴火127の疑問』（日本火山学会編、共著、2015年講談社ブルーバックス）、『The Geology of Japan』（共著、2016年英国地質学会）、『鉱物・
宝石の科学辞典』（共著、2019年朝倉書店）
主要論文　「宮城県北部、石越安山岩の地質・岩石学的特徴とマグマプロセス」岩石鉱物科学44、155-170（共著、2015年）、「阿武隈変成帯中に露
出する沈み込み帯域オフィオライト断片の岩石学」岩石鉱物科学44、
239-255（共著、2015年）、「兵庫県川西市の超丹波帯から蛇紋岩礫の発見：
"舞鶴島弧"と大江山オフィオライトとの関係」地質学雑誌121、391-401（共
著、2015年）、「岡山県赤磐市の海底岩石（夜久野オフィオライト）」地質
技術 7 、11-16（単著、2017年）

原子力規制委員会

原子力規制庁長官

片 山　啓 (かたやま　ひろむ)

昭和37年7月8日生．大阪府出身．O型
国立奈良女子大学附属高校，京都大学経済学部経済学科

昭和60年4月	通商産業省入省
平成13年7月	内閣府地方分権改革推進会議事務局企画調整官
平成16年6月	経済産業省産業技術環境局認証課長
平成17年7月	経済産業省資源エネルギー庁電力・ガス事業部電力市場整備課長
平成20年7月	内閣官房副長官補付内閣参事官
平成22年4月	経済産業省経済産業政策局調査課長
平成22年7月	経済産業省原子力安全・保安院企画調整課長
平成24年9月	原子力規制庁総務課長
平成25年7月	独立行政法人原子力安全基盤機構総括参事
平成25年10月	独立行政法人原子力安全基盤機構理事
平成26年3月	原子力規制庁長官官房審議官
平成26年3月	原子力規制庁長官官房核物質・放射線総括審議官
令和元年7月	原子力規制庁次長（兼）原子力安全人材育成センター所長
令和4年7月	原子力規制庁長官

原子力規制庁次長（兼）原子力安全人材育成センター所長
Deputy Secretary-General

金 子 修 一（かねこ　しゅういち）

昭和40年11月15日生．神奈川県出身．AB型
神奈川県立光陵高校，東京工業大学工学部無機材料工学科，
東京工業大学理工学研究科無機材料工学専攻，
オレゴン大学計画・公共政策・管理学科地域計画学修士

平成 2 年 4 月	通商産業省入省（基礎産業局総務課）
平成 3 年 6 月	基礎産業局基礎化学品課
平成 4 年 7 月	機械情報産業局情報処理振興課
平成 6 年 6 月	産業政策局総務課
平成 7 年 6 月	産業政策局産業構造課
平成 8 年 6 月	環境立地局立地政策課
平成10年 6 月	米国留学（オレゴン大学）
平成12年 6 月	大臣官房秘書課
平成12年 9 月	機械情報産業局産業機械課
平成14年 4 月	経済産業省資源エネルギー庁電力・ガス事業部電力基盤整備課
平成16年 6 月	経済産業省原子力安全・保安院企画調整課
平成17年 6 月	経済産業省大臣官房秘書課
平成18年 7 月	経済産業省大臣官房秘書課企画調査官
平成19年 4 月	山口県警察本部警務部長
平成21年 7 月	経済産業省製造産業局航空機武器宇宙産業課宇宙産業室長
平成23年 8 月	内閣官房原子力安全規制組織等改革準備室参事官
平成24年 7 月	経済産業省原子力安全・保安院原子力防災課長（兼）内閣官房原子力安全規制組織等改革準備室参事官
平成24年 9 月	原子力規制庁原子力防災課長
平成26年10月	原子力規制庁長官官房人事課長
平成28年 6 月	原子力規制庁長官官房総務課制度改正審議室統括調整官
平成29年 7 月	原子力規制庁原子力規制部検査監督総括課長（兼）長官官房緊急事案対策官
令和元年 7 月	原子力規制庁長官官房審議官
令和 3 年 7 月	原子力規制庁長官官房緊急事態対策監
令和 4 年 7 月	原子力規制庁次長（兼）原子力安全人材育成センター所長

原子力規制庁

原子力規制庁原子力規制技監

市 村 知 也（いちむら　ともや）

昭和41年3月12日生．神奈川県出身．A型
神奈川県立多摩高校，早稲田大学理工学部土木工学科，
早稲田大学大学院理工学研究科，
スタンフォード大学工学大学院（修士），政策研究大学院大学（博士）

平成 2 年 4 月	通商産業省入省（基礎産業局化学品安全課）
平成 4 年 6 月	国土庁大都市圏整備局計画課
平成 6 年 6 月	資源エネルギー庁原子力発電訟務室
平成 7 年 7 月	留学（スタンフォード大学）
平成 9 年 6 月	機械情報産業局電子政策課
平成11年 6 月	資源エネルギー庁原子力発電安全企画審査課
平成13年 1 月	経済産業省資源エネルギー庁原子力政策課
平成14年 6 月	国際原子力機関
平成17年 7 月	経済産業省原子力安全・保安院原子力事故故障対策室長
平成19年 7 月	経済産業省資源エネルギー庁長官官房総合政策課エネルギー戦略推進室長
平成23年 7 月	経済産業省原子力安全・保安院原子力安全技術基盤課長
平成24年 9 月	原子力規制庁安全規制管理官（ＰＷＲ・新型炉担当）
平成29年 7 月	原子力規制庁原子力規制部原子力規制企画課長
令和元年 7 月	原子力規制庁原子力規制部長
令和 4 年 7 月	原子力規制庁原子力規制技監

原子力規制庁長官官房緊急事態対策監
Director‑General for Emergency Response

古金谷　敏　之（こがねや　としゆき）
昭和43年5月2日生．大阪府出身．AB型
私立清風南海学園，京都大学理学部，
京都大学大学院理学研究科（修士）

平成21年6月	日本貿易保険総務グループ長
平成23年6月	経済産業省原子力安全・保安院原子力事故故障対策・防災広報室長
平成24年9月	原子力規制庁原子力防災課事故対処室長
平成25年10月	経済協力開発機構原子力機関原子力安全専門官
平成28年7月	原子力規制委員会原子力規制庁長官官房制度改正審議室統括調整官
平成29年7月	原子力規制庁原子力規制部安全規制管理官（実用炉監視担当）
令和元年7月	原子力規制庁原子力規制部検査監督総括課長（兼）長官官房緊急事案対策室長
令和4年7月	原子力規制庁長官官房緊急事態対策監

原子力規制庁

原子力規制庁長官官房核物質・放射線総括審議官
Director-General for Radiation Protection Strategy and Security

佐 藤　　暁 (さとう　ぎょう)

昭和38年6月5日生．福岡県出身．O型
福岡県立修猷館高校，京都大学工学部原子核工学科，
京都大学大学院工学研究科

平成2年4月	通商産業省入省（資源エネルギー庁原子力発電安全管理課）
平成3年5月	機械情報産業局産業機械課
平成5年4月	環境立地局立地政策課
平成6年5月	科学技術庁原子力調査室
平成8年5月	資源エネルギー庁業務課
平成10年7月	カルフォルニア州立大学
平成11年6月	工業技術院エネルギー技術研究開発課
平成13年1月	経済産業省資源エネルギー庁原子力政策課
平成16年5月	経済産業省製造産業局産業機械課
平成18年6月	経済産業省原子力安全・保安院統括原子力保安検査官
平成20年5月	経済産業省原子力安全・保安院電力安全課電気保安室長
平成20年11月	経済産業省原子力安全・保安院企画調整課制度審議室長（併）
平成24年5月	経済産業省原子力安全・保安院原子力安全広報課長
平成24年6月	経済産業省原子力安全・保安院原子力安全特別調査課長（併）
平成24年9月	原子力規制庁政策評価・広聴広報課長
平成26年3月	原子力規制庁原子力規制部原子力規制企画課長
平成28年6月	原子力規制庁長官官房原子力災害対策・核物質防護課長
平成29年7月	原子力規制庁長官官房放射線防護企画課長
令和元年7月	原子力規制庁長官官房審議官（併）内閣府大臣官房審議官（原子力防災担当）
令和3年7月	原子力規制庁長官官房核物質・放射線総括審議官

原子力規制庁長官官房審議官（大臣官房担当）
（兼）内閣府大臣官房審議官（原子力防災担当）
Director-General for Nuclear Regulation
Policy

森 下 　 泰（もりした　やすし）

昭和42年1月11日生. 広島県出身. O型
私立修道高校, 九州大学工学部航空工学科,
九州大学応用力学課程

平成4年4月	通商産業省入省
平成11年6月	機械情報産業局産業機械課技術班長
平成13年9月	地域振興整備公団地方拠点振興部企画調整課長
平成14年4月	地域振興整備公団地域産業振興部企画調整課長
平成16年6月	経済産業省原子力安全・保安院原子力発電検査課企画班長
平成18年6月	経済産業省原子力安全・保安院企画調整課総括班長（政策調整官補佐）
平成19年7月	経済産業省原子力安全・保安院電力安全課電気保安室長
平成20年4月	経済産業省原子力安全・保安院原子力事故故障対策・防災広報室長
平成21年6月	経済産業省原子力安全・保安院地域原子力安全統括管理官（若狭担当）（併）統括安全審査官
平成24年8月	経済産業省原子力安全・保安院高経年化対策室長（併）新型炉規制室長
平成24年9月	原子力規制庁安全規制調整官
平成26年3月	原子力規制庁原子力防災政策課長
平成26年10月	内閣府政策統括官（原子力防災担当）付参事官（総括担当）
平成28年6月	原子力規制庁長官官房人事課長
令和元年7月	原子力規制庁原子力規制部原子力規制企画課長
令和3年7月	原子力規制庁長官官房審議官
令和5年7月	原子力規制庁長官官房審議官（大臣官房担当）（兼）内閣府大臣官房審議官（原子力防災担当）

趣味　ウォーキング、読書
学生時代の所属部　九大マンドリンクラブ

原子力規制庁

原子力規制庁長官官房審議官（原子力規制担当）
Director-General for Nuclear Regulation Policy

児　嶋　洋　平 (こじま　ようへい)

昭和44年6月3日生．滋賀県出身．
滋賀県立膳所高校，国立京都大学法学部

平成5年4月	警察庁入庁
平成24年3月	警視庁組織犯罪対策部組織犯罪対策総務課長
平成26年3月	新潟県警察本部警務部長
平成27年3月	警察庁警備局警備課災害対策室長
平成29年7月	原子力規制庁長官官房放射線防護グループ安全規制管理官（核セキュリティ担当）
令和元年7月	原子力規制庁長官官房総務課長
令和3年8月	福島県警察本部長
令和5年8月	原子力規制庁長官官房審議官（原子力規制担当）

原子力規制庁長官官房審議官（原子力規制担当）
Director-General for Nuclear Regulation Policy

金 城 慎 司 （きんじょう しんじ）

沖縄県出身.
東京大学工学部，（英）Warwick大学経済学部（修士）

平成21年5月	経済産業省経済産業政策局調査統計部総合調整室
平成22年7月	独立行政法人新エネルギー・産業技術総合開発機構総務企画部企画業務課長
平成23年3月	経済産業省原子力安全・保安院付
平成23年4月	経済産業省内閣府原子力被災者生活支援チーム事務局（兼）原子力安全・保安院付
平成24年7月	経済産業省原子力安全・保安院東京電力福島第一原子力発電所事故対策室長
平成24年9月	原子力規制庁東京電力福島第一原子力発電所事故対策室長
平成28年2月	原子力規制庁長官官房総務課広報室長
平成29年7月	原子力規制庁原子力規制部安全規制管理官（核燃料施設等監視担当）
令和元年7月	原子力規制庁長官官房人事課長
令和4年7月	原子力規制庁原子力規制部原子力規制企画課長
令和5年7月	原子力規制庁長官官房審議官（原子力規制担当）

原子力規制庁

原子力規制庁長官官房政策立案参事官
Director for Policy Planning

竹 内　　　淳 （たけうち　じゅん）

平成28年	原子力規制庁長官官房総務課企画調査官（地方事務所統括担当）
平成30年7月	原子力規制庁原子力規制部上席監視指導官
令和元年7月	原子力規制庁原子力規制部東京電力福島第一原子力発電所事故対策室長
令和5年7月	原子力規制庁長官官房政策立案参事官

**原子力規制庁長官官房サイバーセキュリティ・情報化参事官（併）公文
書監理官**
Director for Cybersecurity and Information Technology

足 立 敏 通（あだち　としみち）

平成26年3月	原子力規制庁長官官房総務課情報システム管理官
令和元年4月	原子力安全人材育成センター副所長（併）原子炉技術研修課長
令和2年8月	原子力規制庁長官官房サイバーセキュリティ・情報化参事官（併）公文書監理官

原子力規制庁長官官房原子力規制特別国際交渉官

櫻　田　道　夫（さくらだ　みちお）
東京大学工学部原子力工学科

昭和58年 4 月	通商産業省入省
平成10年 6 月	資源エネルギー庁公益事業部原子力発電安全企画審査課原子力発電安全企画官
平成13年 1 月	経済産業省原子力安全・保安院新型炉等規制課総括安全審査官
平成13年 6 月	経済産業省大臣官房企画課企画官（併）相互承認推進室長（併）基準認証国際チーム長
平成16年 7 月	経済産業省資源エネルギー庁電力・ガス事業部核燃料サイクル産業課長
平成18年 7 月	経済産業省産業技術環境局基準認証政策課長
平成19年 7 月	経済産業省原子力安全・保安院電力安全課長
平成23年 5 月	経済産業省大臣官房審議官（原子力防災担当）
平成23年 8 月	内閣官房原子力安全規制組織等改革準備室副室長
平成24年 9 月	原子力規制庁長官官房審議官
平成26年 3 月	原子力規制庁原子力規制部長
平成29年 1 月	原子力規制庁官房技術総括審議官
平成29年 4 月	原子力規制庁原子力規制技監　　　長官官房制度改正審議室長を兼任
令和 4 年 6 月	退職
令和 5 年 9 月	原子力規制庁長官官房原子力規制特別国際交渉官

原子力規制庁長官官房総務課長
Director, General Affairs Division

吉 野 亜 文 (よしの　あや)

	環境省自然環境局総務課長補佐
令和2年8月	原子力規制庁長官官房総務課法令審査室長
令和4年7月	原子力規制庁長官官房政策立案参事官
令和5年7月	原子力規制庁長官官房総務課長

原子力規制庁長官官房総務課企画官

髙 林 祐 也（たかばやし　ゆうや）

令和5年9月　原子力規制庁長官官房総務課企画官

原子力規制庁長官官房総務課地域原子力規制総括調整官（青森担当）
Regional Administrator for Aomori Area

服　部　弘　美 （はっとり　ひろみ）

令和 4 年 4 月　原子力規制庁長官官房総務課地域原子力規制総括調整官
　　　　　　　　（青森担当）

原子力規制庁長官官房総務課地域原子力規制総括調整官（福島担当）
Regional Administrator for Fukushima Area

南　山　力　生 （みなみやま　りきお）

原子力規制庁長官官房総務課地域原子力規制総括調整官（福井担当）
Regional Administrator for Fukui Area

西　村　正　美（にしむら　まさみ）

昭和32年2月12日生．富山県出身．O型
富山県立新湊高校，富山大学工学部工業化学科

昭和55年4月	通商産業省入省（生活産業局総務課）
昭和57年4月	生活産業局紙業課（紙業印刷業課を含む）
昭和61年4月	生活産業局繊維製品課
平成元年5月	工業技術院標準部繊維化学規格課
平成3年8月	環境立地局保安課
平成6年6月	海外経済協力基金
平成9年7月	基礎産業局総務課化学物質管理促進室（化学物質管理課を含む）
平成12年7月	製品評価技術センター（独立行政法人製品評価技術基盤機構を含む）バイオテクノロジーセンター計画課
平成14年6月	経済産業省産業技術環境局知的基盤課
平成17年6月	経済産業省原子力安全・保安院保安課
平成18年8月	経済産業省製造産業局化学物質管理課化学物質管理企画官
平成21年7月	経済産業省製造産業局伝統的工芸品産業室長
平成22年7月	経済産業省原子力安全・保安院統括安全審査官
平成24年9月	原子力規制庁安全規制調整官
平成26年3月	原子力安全人材育成センター人材育成・研修企画課長
平成27年	原子力規制庁原子力規制部安全管理調査官
	原子力規制庁原子力規制部原子力規制企画課企画官
	原子力規制庁長官官房総務課地域原子力規制総括調整官（福井担当）

原子力規制庁

主要論文　『バイオサイエンスとインダストリー』Vol.61 No 8 （03）：「バイオ分野での戦略的な計量標準の整備について」
趣味　低山登り，渓流歩き
好きな言葉　三方よし　　尊敬する人　織田信長

原子力規制庁長官官房総務課監査・業務改善推進室長

野 村 優 子 (のむら ゆうこ)

平成30年7月　原子力安全人材育成センター国際研修課長
令和元年7月　原子力安全人材育成センター総合研修課長（兼）規制研
　　　　　　　修課長
令和3年7月　原子力規制庁長官官房総務課監査・業務改善推進室長

原子力規制庁長官官房総務課広報室長

中 桐 裕 子 (なかぎり　ゆうこ)

令和5年7月　原子力規制庁長官官房総務課広報室長

原子力規制庁長官官房総務課国際室長

船 田 晃 代 (ふなだ　てるよ)

令和 5 年 7 月　原子力規制庁長官官房総務課国際室長

原子力規制庁長官官房総務課事故対処室長
Head, Accidents Response Office

山 口 道 夫 (やまぐち　みちお)

平成29年7月	原子力規制庁原子力規制部実用炉審査部門安全管理調査官(実用炉審査担当)
令和2年	原子力安全人材育成センター人材育成課長
令和4年8月	原子力規制庁長官官房総務課事故対処室長

原子力規制庁長官官房総務課法令審査室長

湯 本　　淳（ゆもと　じゅん）

平成14年4月　環境省入省
令和3年1月　原子力規制庁長官官房総務課企画官
令和4年7月　原子力規制庁長官官房総務課法令審査室長

原子力規制庁長官官房総務課法令審査室企画官

西 崎 崇 徳（にしざき　たかのり）

令和2年7月　原子力規制庁原子力規制部原子力規制企画課企画調査官
令和3年7月　原子力規制庁長官官房総務課法令審査室企画調整官

原子力規制庁

原子力規制庁長官官房委員会運営支援室長

髙 橋 　 隆 （たかはし　たかし）

昭和43年7月18日生．栃木県出身．A型
栃木県立真岡高校，東洋大学経済学部

昭和62年4月	通商産業省入省（中小企業庁長官官房総務課）
平成17年6月	大臣官房秘書課副大臣付主任
平成23年6月	人吉市副市長
平成25年7月	経済産業政策局地域経済産業政策課長補佐
平成27年8月	中小企業庁経営支援部技術・経営革新課長補佐
平成29年6月	中小企業庁事業環境部財務課長補佐
令和元年5月	内閣府原子力被災者生活支援チーム企画官
令和2年6月	大臣官房情報システム厚生課厚生審査官
令和3年4月	大臣官房会計課厚生審査官
令和4年4月	原子力規制庁長官官房委員会運営支援室長

趣味　ランニング
学生時代の所属部　空手道部
好きな言葉　初心忘るべからず

原子力規制庁長官官房人事課長

田 口 達 也 (たぐち たつや)

昭和49年 7 月17日生. 岡山県出身.
岡山県立倉敷天城高校, 大阪大学工学部土木工学科,
大阪大学大学院工学研究科土木工学専攻

平成11年 4 月　通商産業省入省
平成29年 7 月　原子力規制庁原子力規制部原子力規制企画課企画官 (規
　　　　　　　制制度担当)
令和元年 1 月　原子力規制庁原子力規制部安全規制管理官 (実用炉審査
　　　　　　　担当)
令和 4 年 7 月　原子力規制庁長官官房人事課長

原子力規制庁長官官房人事課企画官（服務・人事制度・厚生企画担当）

岩 崎 政 典 （いわさき　まさのり）

福島県出身.
福島県立相馬高等学校, 明治大学政治経済学部

昭和57年 5 月	通産省入省（大臣官房総務課）
平成 3 年 4 月	貿易局長期貿易保険課海外投資保険室
平成 7 年12月	米国留学（ワグナー大学）
平成 9 年 1 月	通商政策局アジア欧州地域協力推進室
平成10年 4 月	貿易局貿易保険課海外情報企画室
平成12年 4 月	通商政策局通商協定管理課
平成14年 5 月	国際協力機構鉱工業開発部計画・投融資課長代理
平成16年 5 月	大臣官房政策評価広報課補佐
平成18年 6 月	製造産業局住宅産業窯業建材課長補佐
平成20年 7 月	経済産業政策局産業資金課長補佐
平成22年 6 月	製造産業局紙業生活文化用品課長補佐
平成23年 7 月	大臣官房秘書課長補佐（管理担当）
平成26年 7 月	貿易経済協力局貿易振興課投資交流企画官
平成28年 6 月	製造産業局素材産業課企画官（競争力強化担当）
平成30年 4 月	中小企業庁事業環境部取引課統括官公需対策官
令和元年 7 月	古河市副市長
令和 3 年 4 月	四国経済産業局地域経済部長
令和 4 年 4 月	四国経済産業局産業部長
令和 5 年 3 月	原子力規制庁長官官房人事課企画官（服務・人事制度・厚生企画担当）

原子力規制庁長官官房人事課企画官（採用・任用・人材育成担当）
Planning Officer, Personnel Division, Secretary-General's
Secretariat, The Secretariat of the NRA

根 塚 崇 喜 （ねづか　たかよし）

昭和53年1月10日生.
名古屋大学大学院理学研究科修了

平成14年4月	文部科学省科学技術・学術政策局原子力安全課原子力規制室
平成15年10月	文部科学省研究振興局基礎基盤研究課材料開発推進室
平成18年7月	文部科学省科学技術・学術政策局原子力安全課保障措置室保障措置第一係長
平成25年4月	原子力規制庁監視情報課解析係長
平成25年9月	OECD／NEA派遣
平成28年9月	原子力規制庁原子力規制部原子力規制企画課課長補佐
令和元年7月	原子力規制庁緊急事案対策室室長補佐
令和3年8月	原子力規制庁総務課課長補佐
令和4年7月	原子力規制庁人事課企画官（採用・任用・人材育成担当）

原子力規制庁

原子力規制庁長官官房参事官（会計担当）

小 林 雅 彦 （こばやし　まさひこ）

原子力規制庁長官官房参事官（法務担当）

平 野 大 輔 (ひらの　だいすけ)

平成11年4月	検事任官（東京地検検事）
令和2年10月	東京地検刑事部副部長
令和3年10月	東京地検公判部副部長
令和4年4月	原子力規制庁長官官房参事官（法務担当）

原子力規制庁

原子力規制庁長官官房会計部門経理統括専門官 併 上席会計監査官

小 池　　晃 (こいけ　あきら)

昭和41年6月23日生. 新潟県出身. AB型
新潟県立村上桜ケ丘高等学校, 専修大学

昭和60年4月	通商産業省入省
平成23年7月	独立行政法人新エネルギー・産業技術総合開発機構経理部会計課課長代理
平成26年6月	経済産業省大臣官房会計課課長補佐
平成28年6月	経済産業省大臣官房会計課課長補佐 (併) 政府調達専門官
令和元年6月	内閣府地方創生推進事務局総括担当参事官補佐
令和3年5月	原子力規制庁長官官房会計部門経理統括専門官 (併) 上席会計監査官

原子力規制庁長官官房技術基盤課長

遠　山　　　眞（とおやま　まこと）
昭和29年 3 月29日生．東京都出身．
東京大学工学部，
東京大学大学院（工修）

令和元年 7 年　原子力規制庁長官官房技術基盤課長

原子力規制庁長官官房安全技術管理官（システム安全担当）

北　野　剛　司（きたの　こうじ）

令和5年7月　原子力規制庁長官官房安全技術管理官（システム安全担当）

原子力規制庁長官官房安全技術管理官（シビアアクシデント担当）
Director, Division for Severe Accident Research, Secretariat of the
Nuclear Regulation Authority

舟 山 京 子（ふなやま　きょうこ）

筑波大学大学院システム情報工学研究科構造エネルギー工学専攻（博士
後期課程）

平成26年3月　原子力規制庁長官官房首席技術研究調査官（環境影響評
　　　　　　　価担当）
平成30年7月　原子力規制庁長官官房安全技術管理官（シビアアクシデ
　　　　　　　ント担当）

原子力規制庁長官官房安全技術管理官（放射線・廃棄物担当）

萩 沼 真 之 (はぎぬま　まさし)

令和元年7月　原子力規制庁長官官房企画官
令和4年7月　原子力規制庁長官官房安全技術管理官（放射線・廃棄物
　　　　　　担当）

原子力規制庁長官官房安全技術管理官（地震・津波担当）

杉　野　英　治 （すぎの　ひではる）

令和2年7月　原子力規制庁長官官房首席技術研究調査官（地震動・津
　　　　　　　波担当）
令和5年7月　原子力規制庁長官官房安全技術管理官（地震・津波担当）

原子力規制庁長官官房企画官

青　野　健二郎 (あおの　けんじろう)
昭和45年 7 月 9 日生．静岡県出身．
静岡県立磐田南高等学校，東北大学工学部

令和 4 年 4 月　原子力規制庁長官官房企画官

原子力規制庁長官官房放射線防護グループ放射線防護企画課長

新　田　　晃 (にった　あきら)

石川県出身.
国立金沢大学教育学部附属高校, 東北大学工学部土木工学科

平成22年10月	環境省地球環境局国際連携課国際協力室長
平成24年4月	環境省地球環境局国際連携課国際地球温暖化対策室長 (併) 国際協力室長
平成24年9月	国際協力室長の併任解除
平成26年4月	岐阜県環境生活部次長
平成28年7月	環境省総合環境政策局環境保健部環境保健企画管理課化学物質審査室長
平成29年7月	環境省大臣官房環境保健部環境保健企画管理課化学物質審査室長
平成30年7月	環境省環境再生・資源循環局環境再生事業担当参事官
令和2年7月	環境省水・大気環境局土壌環境課長 (併) 地下水・地盤環境室長
令和3年7月	原子力規制庁長官官房放射線防護グループ放射線防護企画課長

原子力規制庁

原子力規制庁長官官房放射線防護企画課企画官（被ばく医療担当）

德 本 史 郎 (とくもと　しろう)

令和5年7月　原子力規制庁長官官房放射線防護企画課企画官（被ばく
　　　　　　医療担当）

原子力規制庁長官官房放射線防護企画課企画官（企画調査担当）

辰 巳 秀 爾 （たつみ　しゅうじ）

令和3年7月　原子力規制庁長官官房放射線防護企画課企画官（被ばく
　　　　　　医療担当）

令和4年7月　原子力規制庁長官官房放射線防護企画課企画官（企画調
　　　　　　査担当）

原子力規制庁

原子力規制庁長官官房放射線防護企画課企画調査官（制度・国際・地域担当）

加　藤　隆　行（かとう　たかゆき）

昭和52年3月13日生．千葉県出身．AB型
私立志学館高校，
慶應義塾大学大学院理工学研究科数理科学専攻

平成13年 4 月	文部科学省科学技術・学術政策局政策課
平成14年 4 月	研究開発局宇宙政策課
平成15年 4 月	生涯学習政策局生涯学習推進課
平成17年 7 月	人事院長期在外研究員（Case Western Reserve University）
平成19年10月	研究振興局基礎基盤研究課量子放射線研究推進室長補佐
平成21年 1 月	日本学術振興会国際事業部研究協力第二課長
平成23年10月	科学技術・学術政策局原子力安全課専門官
平成24年 9 月	内閣府科学技術・イノベーション担当参事官補佐
平成26年 7 月	東京工業大学国際部長
平成28年 7 月	神戸市医療産業都市部科学技術担当部長
平成30年 7 月	防災科学技術研究所国家レジリエンス研究推進センター副センター長
令和 2 年 4 月	内閣官房健康・医療戦略室企画官
令和 4 年 8 月	原子力規制庁長官官房放射線防護企画課企画調査官（制度・国際・地域担当）

原子力規制庁長官官房放射線防護企画課保障措置室長

寺 崎 智 宏（てらさき　ともひろ）

昭和53年 1 月 1 日生.
京都大学大学院生命科学研究科中退

平成14年 4 月	文部科学省研究振興局振興企画課
平成15年 3 月	科学技術・学術政策局政策課
平成16年 4 月	初等中等教育局参事官付
平成17年 4 月	初等中等教育局参事官企画係長
平成18年 6 月	大臣官房人事課計画調整班専門職長期在外研究員（ハーバード大学、コロンビア大学）
平成20年 6 月	科学技術・学術政策局原子力安全課保障措置室専門職
平成21年 7 月	科学技術・学術政策局原子力安全課保障措置室補佐
平成22年 4 月	研究開発局開発企画課核不拡散・保障措置室補佐
平成22年 7 月	研究振興局研究環境・産業連携課補佐
平成23年 4 月	科学技術・学術政策局産業連携・地域支援課課長補佐
平成25年 7 月	株式会社産業革新機構戦略投資グループ参事
平成28年 1 月	文部科学省科学技術・学術政策局産業連携・地域支援課地域支援企画官
平成29年 8 月	国際原子力機関保障措置局概念・計画部上席保障措置訓練専門官
令和 2 年 8 月	原子力規制庁長官官房放射線防護企画課保障措置室長

原子力規制庁

原子力規制庁長官官房監視情報課長

今 井 俊 博 （いまい　としひろ）

平成27年	原子力規制庁原子力事業者防災・訓練推進官
平成28年	原子力規制庁原子力規制部東京電力福島第一原子力発電所事故対策室長
令和元年	原子力規制庁長官官房サイバーセキュリティ・情報化参事官（併）公文書監理官（併）総務課情報システム室長
令和4年7月	原子力規制庁長官官房監視情報課長

原子力規制庁長官官房監視情報課企画官（制度・技術・国際担当）

佐々木　　潤（ささき　じゅん）

平成30年7月　原子力規制庁長官官房監視情報課放射線環境対策室環境
　　　　　　　放射能対策官
令和3年7月　原子力規制庁長官官房監視情報課企画官（制度・技術・
　　　　　　　国際担当）

原子力規制庁長官官房監視情報課放射線環境対策室長

久 保 善 哉 (くぼ よしや)

原子力規制庁長官官房安全規制管理官（核セキュリティ担当）

敦 澤 洋 司 (つるさわ　ようじ)

昭和40年 7 月生．東京都出身．
中央大学法学部

令和 3 年 3 月　警察大学校警備教養部長
令和 5 年 8 月　原子力規制庁長官官房安全規制管理官（核セキュリティ
　　　　　　　担当）

原子力規制庁

原子力規制庁長官官房安全規制管理官（放射線規制担当）

吉 川 元 浩 （よしかわ　もとひろ）
昭和42年3月19日生．大阪府出身．AB型

平成23年9月	原子力規制庁
平成28年7月	原子力規制庁核セキュリティ・核物質防護室室長補佐（総括担当）
平成30年4月	原子力規制庁長官官房放射線防護グループ核セキュリティ部門核物質防護指導官
令和2年4月	原子力規制庁長官官房放射線防護グループ核セキュリティ部門国際核セキュリティ専門官
令和2年10月	原子力規制庁長官官房放射線防護グループ核セキュリティ部門安全規制管理官（核セキュリティ部門）事務代理
令和4年4月	原子力規制庁長官官房安全規制管理官（放射線規制担当）

原子力規制庁原子力規制部長
Director-General, Nuclear Regulation Department

大 島 俊 之 （おおしま　としゆき）

北海道出身．北海道大学工学部，
北海道大学大学院工学研究科

平成 5 年 4 月　科学技術庁科学技術政策局
平成19年 3 月　文部科学省研究開発局海洋地球課
平成19年 3 月　米国科学財団勤務
平成21年 7 月　経済産業省原子力安全・保安院統括安全審査官
令和 2 年 7 月　原子力規制庁原子力規制部安全規制管理官（研究炉等審
　　　　　　　査担当）
令和 3 年 7 月　原子力規制庁原子力規制部原子力規制企画課長
令和 4 年 7 月　原子力規制庁原子力規制部長

原子力規制庁原子力規制部原子力規制企画課長

黒　川　陽一郎（くろかわ　よういちろう）

昭和48年2月8日生．三重県出身．A型
私立高田高校，東京大学法学部

平成7年4月	環境庁入庁
平成14年7月	環境省環境管理局水環境部土壌環境課長補佐
平成15年4月	内閣官房副長官室参事官補佐
平成17年9月	環境省地球環境局地球温暖化対策課長補佐
平成18年9月	環境省自然環境局総務課長補佐
平成20年3月	内閣官房副長官室参事官補佐
平成21年7月	環境省総合環境政策局環境計画課長補佐
平成22年7月	滋賀県琵琶湖環境部自然環境保全課長
平成24年7月	環境省大臣官房政策評価広報課長補佐
平成25年7月	環境省総合環境政策局環境保健部企画課長補佐
平成26年7月	経済産業省四国経済産業局総務企画部長
平成29年7月	環境省環境再生・資源循環局放射性物質汚染廃棄物対策室長
令和元年9月	原子力規制庁長官官房総務課法務調査室長
令和2年7月	原子力規制庁長官官房政策立案参事官
令和3年8月	原子力規制庁長官官房総務課長
令和5年7月	原子力規制庁原子力規制部原子力規制企画課長

趣味　マラソン，自転車，クイズ，囲碁

原子力規制庁原子力規制部原子力規制企画課企画官（規制制度担当）

布　田　洋　史 （ぬのた　ひろし）

昭和50年12月16日生．北海道出身．O型
苫小牧工業高等専門学校，北海道大学

平成11年 4 月	科学技術庁原子力安全課
平成24年 9 月	原子力規制庁安全規制管理官付
平成29年 7 月	原子力規制庁原子力規制部検査監督総括課検査評価室長
令和 3 年10月	環境省環境再生・資源循環局企画官（併）福島再生・未来志向プロジェクト推進室長
令和 5 年 7 月	原子力規制庁原子力規制部原子力規制企画課企画官（規制制度担当）

原子力規制庁

原子力規制庁原子力規制部原子力規制企画課火災対策室長

齋 藤 健 一（さいとう　けんいち）
昭和51年3月22日生．東京都出身．
私立巣鴨高校，筑波大学第一学群自然学類地球科学研究科，
筑波大学大学院博士一貫課程地球科学研究科中退

平成15年12月　総務省消防庁入庁
令和3年4月　総務省消防庁消防大学校調査研究部長　併任　教務部長　併
　　　　　　任　教授
令和4年4月　原子力規制庁原子力規制部原子力規制企画課火災対策室長

原子力規制庁原子力規制部安全規制管理官（実用炉審査担当）

渡 邉 桂 一 （わたなべ　けいいち）

長崎県出身.
ラ・サール高校，東京大学工学部化学生命工学科

平成11年4月	通商産業省入省
平成24年9月	原子力規制庁安全規制管理官（地震・津波安全対策担当）付総括補佐
平成27年7月	国際原子力機関（ＩＡＥＡ）上席原子力安全専門家
平成30年10月	原子力規制庁原子力規制部実用炉審査部門安全規制調整官（審査担当）
令和3年8月	原子力規制庁長官官房政策立案参事官
令和4年7月	原子力規制庁原子力規制部安全規制管理官（実用炉審査担当）

原子力規制庁

原子力規制庁原子力規制部実用炉審査部門安全規制調整官（実用炉審査
担当）

奥　　博　貴（おく　ひろたか）

昭和53年10月6日生．岡山県出身．
滋賀県立膳所高等学校，
同志社大学大学院工学研究科工業化学専攻

平成15年4月	文部科学省研究開発局原子力課
平成17年1月	科学技術・学術政策局調査調整課
平成18年4月	環境省水・大気環境局総務課環境管理技術室
平成19年7月	文部科学省高等教育局大学振興課大学改革推進室大学院係長
平成21年4月	内閣府原子力安全委員会事務局管理環境課補佐
平成23年4月	文部科学省科学技術・学術政策局国際交流官付補佐
平成25年1月	科学技術・学術政策局産業連携・地域支援課補佐
平成25年7月	大臣官房総務課広報室専門官
平成27年7月	原子力規制庁長官官房放射線防護グループ放射線対策・保障措置課課長補佐
平成29年7月	原子力規制庁長官官房放射線防護グループ放射線規制部門管理官補佐
平成30年5月	原子力規制庁長官官房放射線防護グループ核セキュリティ部門管理官補佐
令和2年8月	原子力規制庁長官官房人事課企画調査官
令和3年1月	原子力規制庁長官官房人事課企画官
令和4年7月	原子力規制庁原子力規制部実用炉審査部門企画調査官
令和5年7月	原子力規制庁原子力規制部実用炉審査部門安全規制調整官（実用炉審査担当）

原子力規制庁原子力規制部実用炉審査部門安全規制調整官（実用炉審査担当）

岩澤　大（いわさわ　まさる）

令和4年7月　原子力規制庁原子力規制部実用炉審査部門安全規制調整官（実用炉審査担当）

原子力規制庁原子力規制部実用炉審査部門安全規制調整官（実用炉審査
担当）

齋　藤　哲　也 （さいとう　てつや）

令和元年　　　原子力規制庁長官官房法規部門企画調整官
令和2年　　　原子力規制庁長官官房総務課法令審査室企画調整官
令和4年7月　原子力規制庁原子力規制部実用炉審査部門安全規制調整
　　　　　　　官（実用炉審査担当）

原子力規制庁原子力規制部実用炉審査部門安全規制調整官（実用炉審査
担当）

塚　部　暢　之（つかべ　のぶゆき）

令和5年7月　原子力規制庁原子力規制部実用炉審査部門安全規制調整
官（実用炉審査担当）

原子力規制庁

原子力規制庁原子力規制部安全規制管理官（研究炉等審査担当）

志　間　正　和（しま　まさかず）

昭和44年12月27日生．東京都出身．
神奈川県立秦野高校，京都大学工学研究科環境地球工学専攻

平成25年8月　原子力規制庁原子力防災課事故対処室長
平成26年5月　原子力規制庁ＩＲＲＳ室企画官
平成28年4月　原子力規制庁原子力規制部安全規制調整官
平成29年7月　原子力規制庁原子力規制部検査監督総括課企画調査官
平成30年7月　原子力規制庁原子力規制部統括監視指導官
令和2年3月　原子力規制庁原子力規制部核燃料施設審査部門付
令和3年7月　原子力規制庁原子力規制部安全規制管理官（研究炉等審
　　　　　　　査担当）

原子力規制庁原子力規制部安全規制管理官（核燃料施設審査担当）

長谷川　清　光 （はせがわ　きよみつ）

原子力規制庁原子力規制部安全規制管理官（地震・津波審査担当）
Nuclear Safety Regulation Coordinator

内 藤 浩 行 （ないとう　ひろゆき）

平成27年	原子力規制庁原子力規制部安全管理調査官
平成29年7月	原子力規制庁原子力規制部地震・津波審査部門安全規制調整官（地震安全対策担当）
令和4年7月	原子力規制庁原子力規制部安全規制管理官（地震・津波審査担当）

原子力規制庁原子力規制部地震・津波審査部門安全規制調整官（地震安全対策担当）

名 倉 繁 樹 （なぐら　しげき）

	原子力規制庁原子力規制部安全管理調査官　を経て
平成29年7月	原子力規制庁原子力規制部地震・津波審査部門安全管理調査官（地震安全対策担当）
令和3年7月	原子力規制庁原子力規制部地震・津波審査部門安全規制調整官（地震安全対策担当）

原子力規制庁原子力規制部地震・津波審査部門安全規制調整官（地震安全対策担当）

忠 内 厳 大（ただうち　いつお）

令和 2 年 4 月　原子力規制庁長官官房人事課企画調査官（地方事務所統括担当）

令和 3 年 7 月　原子力規制庁原子力規制部地震・津波審査部門安全管理調査官（地震安全対策担当）

令和 4 年 4 月　原子力規制庁原子力規制部地震・津波審査部門安全規制調整官（地震安全対策担当）

原子力規制庁原子力規制部検査監督総括課長

武　山　松　次（たけやま　しょうじ）

平成24年7月	経済産業省原子力安全・保安院統括安全審査官
平成24年9月	原子力規制庁安全規制管理官（廃棄物・輸送・貯蔵担当）付企画調査官
平成26年5月	原子力規制庁事故対処室長
平成27年5月	原子力規制庁総務課企画調査官
平成27年9月	原子力規制庁人事課企画官
平成28年4月	原子力規制庁原子力規制部安全規制調整官
平成29年4月	原子力規制庁長官官房監視情報課長
令和元年7月	原子力規制庁原子力規制部安全規制管理官（実用炉監視担当）
令和4年7月	原子力規制庁原子力規制部検査監督総括課長

原子力規制庁

原子力規制庁原子力規制部安全規制管理官（実用炉監視担当）（併）緊急
事案対策室長

杉 本 孝 信 （すぎもと　たかのぶ）

山口県出身.
山口県立宇部高校，京都大学工学部数理工学科,
京都大学大学院工学研究科数理工学専攻

平成 5 年 4 月	通産省入省（工業技術院総務課）
平成 6 年 6 月	資源エネルギー庁原子力発電訟務室
平成 8 年 5 月	科学技術庁原子力局原子力調査室
平成10年 6 月	資源エネルギー庁総務課
平成10年10月	資源エネルギー庁原子力産業課
平成11年 6 月	機械情報産業局産業機械課国際プラント推進室
平成13年 4 月	産業技術環境局環境政策課環境指導室
平成14年 4 月	青森県商工観光労働部工業振興課長
平成16年 6 月	原子力安全・保安院電力安全課
平成18年 6 月	在チリ日本国大使館一等書記官
平成21年 7 月	資源エネルギー庁電力・ガス事業部原子力発電立地対策・広報室長
平成24年 4 月	資源エネルギー庁電力・ガス事業部付（併）復興庁福島復興局付
平成24年 9 月	資源エネルギー庁電力・ガス事業部原子力政策課企画官（原子力政策担当）
平成26年 7 月	中小企業基盤整備機構経営支援部審議役
平成26年10月	内閣府政策統括官（原子力防災担当）付参事官（地域防災・訓練担当）
平成28年 6 月	新潟県総務管理部長
平成30年 4 月	原子力規制委員会原子力規制庁長官官房政策立案参事官
令和元年 7 月	原子力規制庁原子力規制部安全規制管理官（専門検査担当）
令和 4 年 7 月	原子力規制庁原子力規制部安全規制管理官（実用炉監視担当）（併）緊急事案対策室長

趣味　剣道、スキー

原子力規制庁原子力規制部検査グループ実用炉監視部門統括監視指導官

村　田　真　一 (むらた　しんいち)

平成25年7月	原子力規制庁原子力規制部安全規制管理官（BWR担当）付
平成27年9月	原子力規制庁原子力規制部原子力規制企画課
平成28年2月	原子力規制庁長官官房原子力災害対策・核物質防護課原子力事業者防災・訓練推進官
平成29年7月	原子力規制庁長官官房総務課事故対処室長／緊急事案対策室副室長
令和2年8月	原子力規制庁長官官房総務課広報室長
令和4年10月	原子力規制庁原子力規制部検査グループ実用炉監視部門統括監視指導官

原子力規制庁

原子力規制庁原子力規制部安全規制管理官（核燃料施設等監視担当）
Director, Division of Oversight of Nuclear Fuel Related Facilities and
Research Reactors

大　向　繁　勝（おおむかい　しげかつ）

昭和39年1月11日生．神奈川県出身．
中央大学理工学部工業化学科

平成2年4月　科学技術庁長官官房秘書課　平成2年4月　科学技術庁
原子力局調査国際協力課調査統計室　平成5年1月　科学技術庁原子力
安全局保障措置課　平成6年5月　放射線医学総合研究所管理部庶務課
平成6年7月　科学技術庁原子力安全局原子力安全課安全対策第一係長
平成7年5月　科学技術庁原子力安全局原子力安全課防災環境対策室総
合評価係長　平成8年4月　水戸原子力事務所規制係長
平成10年5月　科学技術庁原子力安全局燃料規制課規則第一係長
平成12年9月　科学技術庁原子力安全局燃料規制課安全審査官
平成12年9月　国際原子力機関（オーストリア国ウィーン）に派遣
　　　　　　　（15・9まで）
平成13年1月　文部科学省科学技術・学術政策局原子力安全課査察官
平成16年10月　文部科学省科学技術・学術政策局原子力安全課原子力規
　　　　　　　制室補佐
平成17年12月　文部科学省科学技術・学術政策局原子力安全課原子力規
　　　　　　　制室核物質防護検査官
平成19年1月　文部科学省大臣官房人事課専門官
平成22年9月　経済産業省原子力安全・保安院核燃料サイクル規制課課
　　　　　　　長補佐
平成24年4月　原子力安全委員会事務局規制調査対策官
平成24年9月　原子力規制庁総務課企画官
平成26年3月　原子力規制庁長官官房人事課企画官
平成27年9月　原子力規制庁原子力規制部安全規制管理官（新型炉・試
　　　　　　　験研究炉・廃止措置担当）付安全規制調整官（試験研究
　　　　　　　炉担当）
平成29年7月　原子力規制庁原子力規制部研究炉等審査部門安全規制調
　　　　　　　整官（試験炉担当）
平成31年1月　原子力規制庁長官官房人事課企画官（採用・任用・人材
　　　　　　　育成担当）
令和2年10月　原子力安全人材育成センター副所長
令和4年8月　原子力規制庁原子力規制部安全規制管理官（核燃料施設
　　　　　　　等監視担当）

原子力規制庁原子力規制部統括監視指導官

金　子　真　幸 （かねこ　まさゆき）

令和2年7月　原子力規制庁長官官房総務課事故対処室長
令和4年8月　原子力規制庁原子力規制部研究炉等審査部門安全規制調
　　　　　　　整官
令和5年7月　原子力規制庁原子力規制部統括監視指導官

原子力規制庁原子力規制部安全規制管理官（専門検査担当）

髙 須 洋 司 (たかす ようじ)

平成29年 7 月　原子力規制庁原子力規制部統括監視指導官
令和 4 年 7 月　原子力規制庁原子力規制部安全規制管理官（専門検査担当）

原子力規制庁原子力規制部専門検査部門首席原子力専門検査官

山　元　義　弘（やまもと　よしひろ）

平成30年7月　原子力規制庁原子力規制部専門検査部門首席原子力専門
　　　　　　　検査官

原子力規制庁原子力規制部専門検査部門首席原子力専門検査官

寒 川 琢 実（さむかわ　たくみ）

平成26年3月	原子力規制庁原子力規制部安全規制調整官
平成29年7月	原子力規制庁原子力規制部実用炉審査部門安全規制調整官（実用炉審査担当）
令和元年7月	原子力規制庁原子力規制部核燃料施設等監視部門企画調査官
令和4年3月	原子力規制庁原子力規制部専門検査部門首席原子力専門検査官

原子力規制庁原子力規制部東京電力福島第一原子力発電所事故対策室長
Nuclear Regulation Authority Director Office for Accident Measure of
Fukushima-daiichi Nuclear Power Station

岩 永 宏 平 (いわなが　こうへい)

昭和50年6月5日生.　長崎県出身.　A型
長崎県立長崎南高等学校,　東京工業大学

令和5年7月　原子力規制庁原子力規制部東京電力福島第一原子力発電
　　　　　　所事故対策室長

原子力規制庁

趣味　サッカー,　トレッキング
学生時代の所属部　サッカー部

原子力規制庁原子力規制部東京電力福島第一原子力発電所事故対策室企
画調査官

澁 谷 朝 紀 （しぶたに　ともき）

平成26年4月	原子力規制庁原子力規制部安全規制調整官
平成29年7月	原子力規制庁原子力規制部核燃料施設審査部門安全規制調整官（埋設・廃棄物担当）
令和元年7月	原子力規制庁原子力規制部原子力規制企画課企画官（規制制度担当）
令和2年10月	原子力規制庁原子力規制部東京電力福島第一原子力発電所事故対策室企画調査官

●施設等機関・地方環境事務所 国立研究開発法人

環境省環境調査研修所長（併）総合環境政策統括官
Director, National Environmental Research
and Training Institute

鑓　水　　洋（やりみず　よう）

昭和39年11月24日生．山形県出身．
東京大学法学部

昭和62年4月	大蔵省入省　平成3年7月　理財局総務課企画係長
平成4年7月	観音寺税務署長
平成5年6月	国税庁長官官房人事課課長補佐
平成7年7月	銀行局総務課課長補佐（日本銀行・企画）
平成8年7月	銀行局中小金融課課長補佐（信用金庫・信用補完）
平成10年7月	主計局総務課課長補佐（歳入・国債）
平成11年7月	主計局主計官補佐（農林水産四）
平成12年7月	主計局主計官補佐（農林水産一）
平成13年7月	内閣官房副長官補付　兼　内閣官房行政改革推進事務局行政委託型公益法人等改革推進室企画官
平成14年7月	大臣官房総合政策課課長補佐（総括）
平成15年7月	熊本県総合政策局長
平成16年4月	熊本県地域振興部長
平成18年7月	主税局総務課主税企画官
平成19年7月	大臣官房企画官　兼　主税局総務課
平成20年7月	主税局税制第一課主税企画官　兼　主税局税制第二課
平成21年7月	主計局主計官（外務、経済協力、経済産業係担当）
平成23年7月	主計局主計官（司法・警察、財務、経済産業、環境係担当）
平成24年7月	主税局税制第三課長
平成24年12月	主計局税制第一課長
平成25年7月	大臣官房政策金融課長
平成27年7月	主税局総務課長
平成28年6月	広島国税局長
平成29年7月	内閣官房内閣審議官（内閣官房副長官補付）兼　内閣官房ＴＰＰ政府対策本部員
平成30年7月	大臣官房審議官（理財局担当）
令和元年7月	理財局次長
令和2年7月	国税庁次長
令和3年7月	環境省大臣官房長
令和5年7月	環境省環境調査研修所長（併）総合環境政策統括官

施設等機関

環境省環境調査研修所次長
Deputy Director‐General, National Environmental Research and
Training Institute

堀　内　　　洋 (ほりうち　ひろし)

昭和42年 7 月12日生．神奈川県出身．
筑波大学大学院修士

平成28年 8 月	環境省自然環境局国立公園課国立公園利用推進室長
平成29年 9 月	中間貯蔵・環境安全事業株式会社管理部次長
令和元年 7 月	環境省自然環境局野生生物課希少種保全推進室長
令和 2 年 7 月	環境省中部地方環境事務所信越自然環境事務所長
令和 4 年 9 月	環境省環境再生・資源循環局参事官（併）水・大気環境局水環境課土壌環境政策調整官（充）地下水・地盤環境室長
令和 5 年 7 月	環境省環境調査研修所次長

環境省環境調査研修所国立水俣病総合研究センター所長（兼）大臣官房審議官
Deputy Director-General, National Institute for Minamata Disease

前　田　光　哉 (まえだ　みつや)

昭和42年11月4日生．兵庫県出身．A型
私立六甲学院高等学校，神戸大学，
順天堂大学大学院医学研究科

平成4年4月	厚生省入省
平成21年7月	内閣府食品安全委員会事務局評価課評価調整官
平成26年7月	厚生労働省労働基準局安全衛生部労働衛生課電離放射線労働者健康対策室長
平成27年9月	厚生労働省労働基準局安全衛生部労働衛生課主任中央じん肺診査医
平成28年4月	環境省総合環境政策局環境保健部放射線健康管理担当参事官
平成30年9月	神奈川県健康医療局技監（兼）保健医療部長
令和2年4月	神奈川県健康医療局長
令和3年4月	神奈川県理事（特定課題担当）
令和3年10月	独立行政法人国立病院機構理事（医務担当）
令和5年10月	環境省環境調査研修所国立水俣病総合研究センター所長（兼）大臣官房審議官

環境省環境調査研修所国立水俣病総合研究センター次長
Deputy Director-General, National Institute for Minamata Disease

齋　藤　真　知（さいとう　まさのり）
昭和42年7月2日生．福島県出身．B型
福島東高等学校，國學院大学

平成3年4月　　環境省入省
平成31年4月　　環境省大臣官房会計課庁舎管理室長
令和5年7月　　環境省環境調査研修所国立水俣病総合研究センター次長

原子力安全人材育成センター副所長
Deputy Director-General

竹　本　　　亮（たけもと　あきら）
京都府出身．大阪大学工学部，
大阪大学大学院工学研究科

平成 9 年 4 月　通商産業省入省
平成24年 9 月　原子力規制庁長官官房総務課課長補佐
平成26年10月　原子力規制庁長官官房人事課課長補佐
平成27年 8 月　原子力規制庁長官官房総務課法務室長
平成28年 7 月　原子力安全人材育成センター人材育成・研修企画課長
平成29年 4 月　原子力安全人材育成センター人材育成課長
令和 2 年 7 月　原子力規制庁原子力規制部検査監督総括課企画調整官
令和 3 年 7 月　原子力規制庁長官官房監視情報課放射線環境対策室長
令和 5 年 7 月　原子力安全人材育成センター副所長

環境省北海道地方環境事務所長
Director, Regional Environment Office in Hokkaido

牛 場 雅 己 (うしば　まさき)
昭和39年10月13日生．茨城県出身．
岐阜県立長良高校，筑波大学第二学群農林学類卒業

昭和62年 4 月	環境庁入庁
平成21年 7 月	環境省自然環境局野生生物課外来生物対策室長
平成23年10月	環境省自然環境局自然環境計画課生物多様性施策推進室長
平成25年 6 月	環境省長野自然環境事務所長
平成26年 7 月	復興庁統括官付参事官
平成28年 7 月	環境省中国四国地方環境事務所長
令和元年 6 月	中間貯蔵・環境安全事業監査役
令和 3 年 7 月	宮内庁管理部庭園課長
令和 5 年 7 月	環境省北海道地方環境事務所長

環境省東北地方環境事務所長
Director, Regional Environment Office in Tohoku

田 村 省 二（たむら　しょうじ）

平成 3 年 4 月	環境庁入庁
	環境省自然環境局京都御苑管理事務所長
	環境省関東地方環境事務所統括自然保護企画官・次長
令和 2 年 5 月	復興庁統括官付参事官
令和 4 年 7 月	環境省東北地方環境事務所長

資格　博士（緑地環境科学）

地方環境事務所

環境省福島地方環境事務所長
Director, Regional Environment Office in Fukushima

関 谷 毅 史 （せきや　たけし）
栃木県出身.

平成22年7月	環境省地球環境局地球温暖化対策課国際対策室長
平成22年10月	環境省地球環境局国際連携課国際地球温暖化対策室長
平成24年4月	環境省水・大気環境局総務課除染渉外広報室長
平成25年7月	環境省東北地方環境事務所福島環境再生事務所長
平成27年10月	環境省地球環境局総務課低炭素社会推進室長
平成28年6月	環境省地球環境局国際連携課長
平成29年7月	内閣官房内閣参事官
令和元年7月	環境省水・大気環境局総務課長（併）自動車環境対策課長
令和2年7月	環境省地球環境局総務課長
令和3年7月	環境省自然環境局総務課長
令和4年7月	環境省福島地方環境事務所長

環境省関東地方環境事務所長
Director, Regional Environment Office in Kanto

松 本 啓 朗 (まつもと　ひろあき)
東京大学法学部,
ケンブリッジ大学院土地経済学部

平成 2 年	建設省入省
平成20年 4 月	国土交通省土地・水資源局公共用地室長
平成21年 4 月	兵庫県県土整備部まちづくり局長
平成22年11月	兵庫県県土整備部住宅建築局長
平成24年 4 月	兵庫県まちづくり部長
平成25年 4 月	復興庁統括官付参事官（原子力災害復興班）
平成28年 7 月	環境省総合環境政策局環境計画課長
平成29年 7 月	環境省大臣官房総合政策課長
平成30年 7 月	環境省大臣官房会計課長
令和元年 7 月	環境省大臣官房総務課長
令和 2 年 7 月	環境省大臣官房サイバーセキュリティ・情報化審議官
令和 3 年 7 月	環境省大臣官房審議官
令和 5 年 7 月	環境省関東地方環境事務所長

地方環境事務所

環境省中部地方環境事務所長
Director, Regional Environment Office in
Chubu

小　森　　　繁（こもり　しげる）

昭和42年9月17日生．東京都出身．
早稲田大学政治経済学部政治学科

平成 4 年 4 月	環境庁入庁
平成11年 7 月	環境庁大臣官房総務課長補佐
平成12年 7 月	環境庁企画調整局環境影響評価課長補佐
平成14年 4 月	北九州市環境局環境保全部環境国際協力室長
平成16年 4 月	環境省大臣官房政策評価広報課長補佐
平成17年11月	環境省地球環境局総務課長補佐
平成20年 7 月	環境省水・大気環境局総務課長補佐
平成21年 7 月	環境省地球環境局地球温暖化対策課長補佐
平成22年 2 月	環境省地球環境局地球温暖化対策課長補佐
平成22年 8 月	経済産業省四国経済産業局総務企画部長
平成24年 6 月	環境省大臣官房付
平成27年 8 月	原子力規制庁長官官房総務課広報室長
平成28年 2 月	原子力規制庁長官官房総務課監査・業務改善推進室長
平成29年 4 月	原子力規制庁長官官房監査・業務改善統括調整官
平成30年 4 月	環境省大臣官房環境保健部環境保健企画管理課長
令和 2 年 7 月	環境省水・大気環境局総務課長（併）自動車環境対策課長
令和 3 年 7 月	環境省大臣官房会計課長
令和 4 年 7 月	環境省大臣官房審議官
令和 5 年 7 月	環境省中部地方環境事務所長

環境省近畿地方環境事務所長
Director, Regional Environment Office in Kinki

関　根　達　郎（せきね　たつろう）

昭和40年2月8日生．大阪府出身．
大阪府立市岡高校，
大阪府立大学大学院農学研究科

平成2年4月	環境庁入庁
平成16年4月	環境省自然環境局自然環境整備課課長補佐
平成19年7月	環境省関東地方環境事務所統括自然保護企画官
平成22年2月	環境省自然環境局京都御苑管理事務所長
平成23年10月	環境省自然環境局野生生物課外来生物対策室長
平成27年1月	環境省環境調査研修所次長
平成28年7月	復興庁統括官付参事官
令和元年7月	環境省大臣官房総合政策課環境研究技術室長
令和2年8月	内閣官房まち・ひと・しごと創生本部事務局参事官
令和3年8月	環境省近畿地方環境事務所長

環境省中国四国地方環境事務所長
Director, Regional Environment Office in Chugoku-Shikoku

坂 口 芳 輝（さかぐち　よしてる）
東北大学大学院工学研究科土木工学専攻

平成 8 年 4 月	環境庁土壌農薬課
平成23年 7 月	環境省廃棄物対策課課長補佐
平成25年 7 月	関東地方環境事務所保全統括官
平成28年 7 月	岐阜県環境生活部次長
平成29年 4 月	岐阜県環境生活部部長
平成30年 4 月	環境省大臣官房環境影響評価課環境影響審査室長補佐
平成30年 7 月	環境省大臣官房環境影響評価課環境影響審査室長
令和 2 年 7 月	環境省地球環境局総務課脱炭素社会移行推進室長
令和 4 年 4 月	環境省大臣官房付
令和 4 年 8 月	環境省環境再生・資源循環局総務課企画官
令和 5 年 7 月	環境省中国四国地方環境事務所長

環境省九州地方環境事務所長
Director, Regional Environment Office in Kyushu

築　島　　明（つきしま　あきら）
昭和39年生．東京都出身．
北海道大学農学部

昭和62年 4 月	環境庁自然保護局企画調整課自然環境調査室
昭和62年10月	環境庁自然保護局保護管理課
昭和63年 4 月	環境庁自然保護局日光国立公園管理事務所（裏磐梯駐在）
平成元年 4 月	環境庁自然保護局富士箱根伊豆国立公園管理事務所（船津駐在）
平成 3 年 7 月	環境庁自然保護局計画課自然環境調査室調査係長
平成 5 年 7 月	環境庁自然保護局計画課（企画調整局企画調整課 併任）
平成 7 年 7 月	国土庁計画・調整局計画課専門調査官
平成 9 年 7 月	環境庁西北海道地区国立公園・野生生物事務所主査（上川駐在）
平成11年 7 月	環境庁自然保護局企画調査課自然ふれあい推進室室長補佐
平成13年 4 月	環境省自然環境局自然環境整備課課長補佐
平成15年 7 月	長崎県県民生活環境部自然保護課長
平成18年 7 月	環境省自然環境局総務課動物愛護管理室長
平成19年 7 月	環境省大臣官房政策評価広報課広報室長
平成20年 7 月	環境省大臣官房総務課企画官
平成21年 2 月	環境省自然環境局新宿御苑管理事務所長
平成23年 4 月	日本環境安全事業株式会社管理部次長 兼 経営企画課長
平成25年 4 月	環境省中国四国地方環境事務所長
平成30年 7 月	宮内庁管理部庭園課長
令和 3 年 7 月	環境省中部地方環境事務所長
令和 4 年 7 月	環境省九州地方環境事務所長

National Institute for Environmental
Studies

国立研究開発法人　国立環境研究所理事長
National Institute for Environmental
Studies, President

木 本 昌 秀 （きもと　まさひで）

京都府出身.
大阪大学工学部,
大阪大学大学院工学研究科

昭和55年4月　気象庁入庁
平成4年4月　気象庁気象研究所気候研究部研究官
平成5年4月　気象庁気象研究所気候研究部主任研究官
平成6年4月　東京大学気候システム研究センター助教授
平成13年10月　東京大学気候システム研究センター教授
平成22年4月　東京大学大気海洋研究所教授
　　　　　　　（改組による　〜31.3　東京大学大気海洋研究所副所長）
令和3年4月　国立研究開発法人国立環境研究所理事長

●資　　　料

環境省電話番号

本省各位の意向に則り、可能な範囲を掲載しております。

本　省

〈設置場所〉	〈直通電話〉
環　境　大　臣	03−3580−0241
環　境　副　大　臣	03−3580−0242
環　境　副　大　臣	03−3581−3361
環　境　大　臣　政　務　官	03−3581−4912、3362
環　境　事　務　次　官	03−3580−0243
地　球　環　境　審　議　官	03−3593−3071
顧　　　　　　　　問	03−3581−4917
秘　　書　　官	03−3580−0241
秘　書　官　事　務　取　扱	03−3580−0241
秘　書　事　務　取　扱（副大臣）	03−3580−0242
秘　書　事　務　取　扱（副大臣）	03−3580−0247
秘　書　事　務　取　扱（大臣政務官）	03−3581−4912、3363

〔大　臣　官　房〕

大　臣　官　房　長	03−3580−0244
サイバーセキュリティ・情報化審議官	
大　臣　官　房　審　議　官	03−3581−4914
大　臣　官　房　審　議　官	
大　臣　官　房　審　議　官	
大　臣　官　房　審　議　官	
大　臣　官　房　審　議　官	
大　臣　官　房　審　議　官	
大　臣　官　房　秘　書　課	03−6457−9498
大臣官房秘書課地方環境室	03−5521−9266
大　臣　官　房　総　務　課	
大　臣　官　房　総　務　課　広　報　室	
大　臣　官　房　会　計　課	

総合環境政策統括官グループ

総　合　環　境　政　策　統　括　官	03−3580−1701
総　合　政　策　課	03−5521−8224
企画評価・プロモーション室	03−5521−8326
環　境　研　究　技　術　室	03−5521−8238
環　境　教　育　推　進　室	03−5521−8231
環　境　経　済　課	03−5521−8230

市 場 メ カ ニ ズ ム 室	03－5521－8354
環 境 影 響 評 価 課	03－5521－8236
環 境 影 響 審 査 室	03－5521－8237
地域脱炭素推進審議官グループ	
地 域 政 策 課	03－5521－8232
地 域 脱 炭 素 事 業 推 進 課	03－5521－8233
地域脱炭素政策調整担当参事官室	03－5521－9109
環 境 保 健 部	
環 境 保 健 部	03－3580－9706
環 境 保 健 企 画 管 理 課	03－5521－8250
政 策 企 画 官	03－5521－8252
保 健 業 務 室	03－5521－8255
特 殊 疾 病 対 策 室	03－5521－8257
石 綿 健 康 被 害 対 策 室	03－5521－6551
化 学 物 質 審 査 室	03－5521－8253
公 害 補 償 審 査 室	03－5521－8264
環 境 安 全 課	03－5521－8261
環 境 リ ス ク 評 価 室	03－5521－8263
参 事 官	03－5521－9248
〔 地 球 環 境 局 〕	
地 球 環 境 局	03－5521－8356
総 務 課	03－5521－8241
脱 炭 素 社 会 移 行 推 進 室	03－5521－8244
気 候 変 動 観 測 研 究 戦 略 室	03－5521－8247
気 候 変 動 適 応 室	03－5521－8242
地 球 温 暖 化 対 策 課	03－5521－8249
地 球 温 暖 化 対 策 事 業 室	03－5521－8355
フ ロ ン 対 策 室	03－5521－8329
脱 炭 素 ラ イ フ ス タ イ ル 推 進 室	03－5521－8341
脱 炭 素 ビ ジ ネ ス 推 進 室	03－5521－8249
国 際 連 携 課	03－5521－8245
気 候 変 動 国 際 交 渉 室	03－5521－8330
国際脱炭素移行推進・環境インフラ担当参事官室	03－5521－8246
〔 水 ・ 大 気 環 境 局 〕	
総 務 課	03－5521－8286
環 境 管 理 課	03－5521－8292
環 境 汚 染 対 策 室	03－5521－8359

資料

農 薬 環 境 管 理 室	03－5521－8323
モ ビ リ テ ィ 環 境 対 策 室	03－5521－8296
脱 炭 素 モ ビ リ テ ィ 事 業 室	03－5521－8301
海 洋 環 境 室	03－5521－8304
海 域 環 境 管 理 室	03－5521－8319
海洋プラスチック汚染対策室	03－5521－9025
〔 自 然 環 境 局 〕	
総 務 課	03－5521－8266
調 査 官	03－5521－8270
動 物 愛 護 管 理 室	03－5521－8331
自 然 環 境 計 画 課	03－5521－8272
生 物 多 様 性 戦 略 推 進 室	03－5521－8273
生 物 多 様 性 主 流 化 室	03－5521－9108
国 立 公 園 課	03－5521－8277
自 然 環 境 整 備 課	03－5521－8280
野 生 生 物 課	03－5521－8282
鳥 獣 保 護 管 理 室	03－5521－8285
希 少 種 保 全 推 進 室	03－5521－8353
外 来 生 物 対 策 室	03－5521－8344
〔国立公園管理事務所〕	
皇 居 外 苑 管 理 事 務 所	03－3213－0095
京 都 御 苑 管 理 事 務 所	075－211－6348
新 宿 御 苑 管 理 事 務 所	03－3350－0152
〔 墓 苑 管 理 事 務 所 〕	
千鳥ケ淵戦没者墓苑管理事務所	03－3262－2030
生 物 多 様 性 セ ン タ ー	0555－72－6031
〔環境再生・資源循環局〕	
総 務 課	03－5501－3152
循 環 型 社 会 推 進 室	03－5521－8336
リ サ イ ク ル 推 進 室	03－5501－3153
廃 棄 物 適 正 処 理 推 進 課	03－5501－3154
浄 化 槽 推 進 室	03－5501－3155
放 射 性 物 質 汚 染 廃 棄 物 対 策 室	03－5521－8352
廃 棄 物 規 制 課	03－5501－3156
特定廃棄物対策担当参事官室	03－5521－8812
環境再生事業担当参事官室	03－5521－9267
不法投棄原状回復事業対策室	03－6205－4798

災害廃棄物対策室	03−5521−8358
福島再生・未来志向プロジェクト推進室	03−5521−9269
環境再生施設整備担当参事官室	03−5521−9249
ポリ塩化ビフェニル廃棄物処理推進室	03−6457−9096

資

料

外局

原 子 力 規 制 庁	(代)03−3581−3352

地方支分部局

〔地 方 環 境 事 務 所〕

北 海 道 地 方 環 境 事 務 所	011−299−1950
東 北 地 方 環 境 事 務 所	022−722−2870
福 島 地 方 環 境 事 務 所	024−573−7330
関 東 地 方 環 境 事 務 所	048−600−0516
中 部 地 方 環 境 事 務 所	052−955−2130
近 畿 地 方 環 境 事 務 所	06−6881−6500
中 国 四 国 地 方 環 境 事 務 所	086−223−1577
九 州 地 方 環 境 事 務 所	096−322−2400

施設等機関

環 境 調 査 研 修 所	(代)04−2994−9303
国立水俣病総合研究センター	(代)0966−63−3111

国立研究開発法人・独立行政法人

国 立 環 境 研 究 所	029−850−2314
環 境 再 生 保 全 機 構	044−520−9501

環境省住所一覧

名　　称　　　　　　　　　　　（住所・TEL）

～本　省～

〒100-8975　東京都千代田区霞が関 1 - 2 - 2
中央合同庁舎 5 号館
03(3581)3351（代表）

～外　局～

原子力規制委員会／原子力規制庁

　　　　　　　　　〒106-8450　東京都港区六本木 1 - 9 - 9
　　　　　　　　　　　　　　　六本木ファーストビル
03(3581)3352

～地方支分部局～

■環境事務所
　北海道地方環境事務所

　　　　　　　　　〒060-0808　北海道札幌市北区北 8 条西
　　　　　　　　　　　　　　　2 丁目
　　　　　　　　　　　　　　　札幌第1合同庁舎 3 階
011(299)1950

　東北地方環境事務所

　　　　　　　　　〒980-0014　宮城県仙台市青葉区本町 3 丁目 2 -23
　　　　　　　　　　　　　　　仙台第 2 合同庁舎 6 F
022(722)2870

　福島地方環境事務所

　　　　　　　　　〒960-8031　福島県福島市栄町11-25
　　　　　　　　　　　　　　　AXCビル 6 階 5 階 4 階
024(573)7330

　関東地方環境事務所

　　　　　　　　　〒330-9720　埼玉県さいたま市中央区新都心
　　　　　　　　　　　　　　　1 番地 1
　　　　　　　　　　　　　　　さいたま新都心合同庁舎 1 号館
　　　　　　　　　　　　　　　6 階
048(600)0516

中部地方環境事務所

〒460-0001　愛知県名古屋市中区三の丸2-5-2

052(955)2130

近畿地方環境事務所

〒530-0042　大阪府大阪市北区天満橋1-8-75
桜ノ宮合同庁舎4階

06(6881)6500

中国四国地方環境事務所

〒700-0907　岡山県岡山市北区下石井1丁目4番1号
岡山第2合同庁舎11F

086(223)1577

九州地方環境事務所

〒860-0047　熊本県熊本市西区春日2-10-1
熊本地方合同庁舎B棟4階

096(322)2400

～地方機関～

■国民公園管理事務所

皇居外苑管理事務所　〒100-0002　東京都千代田区皇居外苑1-1
03(3213)0095

京都御苑管理事務所　〒602-0881　京都府京都市上京区京都御苑3
075(211)6348

新宿御苑管理事務所　〒160-0014　東京都新宿区内藤町11番地
03(3350)0152

■墓苑管理事務所
千鳥ケ淵戦没者墓苑管理事務所

〒102-0075　東京都千代田区三番町2
03(3262)2030

■生物多様性センター　〒403-0005　山梨県富士吉田市上吉田剣丸尾
5597-1

0555(72)6031

〜施設等機関〜

環境調査研修所
〒359-0042　埼玉県所沢市並木3-3
04(2994)9303

国立水俣病総合研究センター
〒867-0008　熊本県水俣市浜4058-18
0966(63)3111

〜関連機関等〜

国立研究開発法人国立環境研究所
〒305-8506　茨城県つくば市小野川16-2
029(850)2314

独立行政法人環境再生保全機構
〒212-8554　神奈川県川崎市幸区大宮町
1310番
ミューザ川崎セントラルタワー
044(520)9501

中間貯蔵・環境安全事業株式会社(JESCO)
〒105-0014　東京都港区芝1-7-17
住友不動産芝ビル3号館
03(5765)1911

地球環境パートナーシッププラザ(GEOC)
〒150-0001　東京都渋谷区神宮前5-53-70
国連大学ビル1F
03(3407)8107

全国地球温暖化防止活動推進センター(JCCCA)
〒102-0074　東京都千代田区九段南3-9-12
九段ニッカナビル7階
03(6273)7785

公益財団法人地球環境戦略研究機関(IGES)
〒240-0115　神奈川県三浦郡葉山町上山口
2108-11
046(855)3700

環境省常設審議会

◆審議会

中央環境審議会	環境省大臣官房総務課
	03 (5521) 8210　会長　高村　ゆかり
	東京大学未来ビジョン研究センター教授

◆部　会

総 合 政 策 部 会	部会長　高村　ゆかり
	東京大学未来ビジョン研究センター教授

循 環 型 社 会 部 会	部会長　酒井　伸一
	（公財）京都高度技術研究所副所長

環 境 保 健 部 会	部会長　大塚　　直
	早稲田大学法学部教授

地 球 環 境 部 会	部会長　大塚　　直
	早稲田大学法学部教授

大気・騒音振動部会	部会長　大原　利眞
	埼玉県環境科学国際センター研究所長

水環境・土壌農薬部会	部会長　古米　弘明
	中央大学研究開発機構機構教授

自 然 環 境 部 会	部会長　武内　和彦
	公益財団法人地球環境戦略研究機関理事長、東京大学特任教授

動 物 愛 護 部 会	部会長　西村　亮平
	東京大学大学院農学生命科学研究科教授

資

料

217

遺伝子組換え生物等の使用等の規制による生物の多様性の確保に関する法律

手続名	必要書類	手数料	申請窓口
国内管理人の変更届出	必要書類なし	手数料なし	bchenv.go.jp
生物検査の業務規程の認可	届出用紙	手数料なし	bchenv.go.jp
	生物検査の業務の実施に関する規程		
第一種使用規程の承認	届出用紙	手数料なし	bchenv.go.jp
	生物多様性影響評価書		
第一種使用等に関する事故時の届出	必要書類なし	手数料なし	bchenv.go.jp
第一種使用等を行う者の氏名及び住所の変更届出	届出用紙	手数料なし	bchenv.go.jp
第二種使用等拡散防止措置確認申請	届出用紙	手数料なし	bchenv.go.jp
	必要に応じて関連資料を提出		
第二種使用等に関する事故時の届出	必要書類なし	手数料なし	bchenv.go.jp
登録検査機関の休止又は廃止の許可	届出用紙	手数料なし	bchenv.go.jp
登録検査機関の住所の変更届出	届出用紙	手数料なし	bchenv.go.jp
登録検査機関の登録	届出用紙	手数料なし	bchenv.go.jp
	定款若しくは寄附行為、登記簿謄本、貸借対照表、財産目録ほか、規定に適合することを説明した書類		
	業務の概要を記載した書類		
	その他参考となる事項を記載した書類等		
本邦への輸出者等に係る第一種使用規程の承認	届出用紙	手数料なし	bchenv.go.jp
	生物多様性影響評価書		
本邦への輸出者等に係る第一種使用等を行う者の氏名及び住所の変更届出	届出用紙	手数料なし	bchenv.go.jp
輸入の届出	届出用紙	手数料なし	bchenv.go.jp

環境教育等による環境保全の取組の促進に関する法律施行規則

手続名	必要書類	手数料	申請窓口
環境教育等支援団体の指定の申請	届出用紙	手数料なし	sousei-kyoikuenv.go.jp
	登記事項証明書(商業法人)		
	定款		
支援事業の変更の届出	届出用紙	手数料なし	sousei-kyoikuenv.go.jp
支援事業の廃止の届出	届出用紙	手数料なし	sousei-kyoikuenv.go.jp
人材認定等事業の登録の申請	届出用紙	手数料なし	sousei-kyoikuenv.go.jp
	住民票		
	登記事項証明書(商業法人)		
	定款		
登録人材認定等事業の変更の届出	届出用紙	手数料なし	sousei-kyoikuenv.go.jp
登録人材認定等事業の廃止の届出	届出用紙	手数料なし	sousei-kyoikuenv.go.jp

環境省関係浄化槽法施行規則

手続名	必要書類	手数料	申請窓口
指定試験機関(指定の申請)	登記事項証明書(商業法人)	手数料なし	hairi_jokasoenv.go.jp
	登記事項証明書(不動産)		
	定款		
	財産目録及び賃借対照表		
	事業計画書及び収支予算表		
	申請に係る意思の決定を証する書類		
	役員の氏名及び略歴を記載した書類		
	組織及び運営に関する事項を記載した書類		
	試験事務を行おうとする事務所ごとの試験用設備の概要及び整備計画を記載した書類		
	現に行っている業務の概要を記載した書類		
	試験委員の選任に関する書類		
	役員の誓約書		
指定試験機関(名称の変更の届出)	必要書類なし	手数料なし	hairi_jokasoenv.go.jp
指定試験機関(事務所の新設又は廃止の届出)	必要書類なし	手数料なし	hairi_jokasoenv.go.jp

資料

指定試験機関（役員の選任及び解任の認可の申請）	(選任の場合)就任承諾書及び誓約書	手数料なし	hairi_ jokasoenv.go.jp
指定試験機関（事業計画等の認可の申請）	決算書	手数料なし	hairi_ jokasoenv.go.jp
	事業計画書		
指定試験機関（事業計画等の変更の申請）	必要書類なし	手数料なし	hairi_ jokasoenv.go.jp
指定試験機関（試験事務規程の認可の申請）	試験事務規程	手数料なし	hairi_ jokasoenv.go.jp
指定試験機関（試験事務規程の変更の申請）	必要書類なし	手数料なし	hairi_ jokasoenv.go.jp
指定試験機関（受験停止の処分の報告）	必要書類なし	手数料なし	hairi_ jokasoenv.go.jp
指定試験機関（試験事務の実施結果の報告）	必要書類なし	手数料なし	hairi_ jokasoenv.go.jp
指定試験機関（試験事務の休廃止の許可の申請）	必要書類なし	手数料なし	hairi_ jokasoenv.go.jp
浄化槽管理士に係る講習（指定の申請）	登記事項証明書(商業法人)	手数料なし	hairi_ jokasoenv.go.jp
	登記事項証明書(不動産)		
	定款		
	財産目録及び貸借対照表		
	事業計画書及び収支予算表		
	申請に係る意思の決定を証する書類		
	役員の氏名及び略歴を記載した書類		
	組織及び運営に関する事項を記載した書類		
	講習事務を行おうとする事務所ごとの講習用設備の概要及び整備計画を記載した書類		
	現に行っている業務の概要を記載した書類		
	講習業務の実施の方法に関する計画を記載した書類		
	講習の講師の選任に関する事項を記載した書類		
浄化槽管理士に係る講習（講習実施結果の報告）	必要書類なし	手数料なし	hairi_ jokasoenv.go.jp
指定講習機関（名称の変更の届出）	必要書類なし	手数料なし	hairi_ jokasoenv.go.jp

指定講習機関（事業計画等の認可の申請）	決算書	手数料なし	hairi_ jokasoenv.go.jp
	事業計画書		
	収支予算書		
指定講習機関（事業計画等の変更の申請）	必要書類なし	手数料なし	hairi_ jokasoenv.go.jp
指定講習機関（講習事務規程の認可の申請）	講習業務規程	手数料なし	hairi_ jokasoenv.go.jp
指定講習機関（講習事務規程の変更の申請）	必要書類なし	手数料なし	hairi_ jokasoenv.go.jp
指定講習機関（講習事務の休廃止の許可の申請）	必要書類なし	手数料なし	hairi_ jokasoenv.go.jp

環境省関係信託法省令

手続名	必要書類	手数料	申請窓口
引受けの許可の申請	設定趣意書	手数料なし	moe-houreienv. go.jp
	信託行為の内容を示す書類		
	信託財産に属する財産となるべきものの種類及び総額を記載した書類並びにその財産の権利及び価格を証する書類		
	委託者となるべき者及び受託者となるべき者の氏名、住所及び略歴を記載した書類		
	信託管理人を置く場合には、信託管理人となるべき者の履歴書（信託管理人となるべき者が法人である場合にあっては、その名称、代表者の氏名及び主たる事務所の所在地を記載した書類並びに定款又は寄附行為）及びその就任の承諾を証する書類		
	運営委員会その他の当該公益信託を適正に運営するために必要な機関（以下「運営委員会等」という。）を置く場合には、その名称、構成員の数並びに構成員となるべき者の履歴書及び就任承諾書		

資料

■電子メールによる手続き一覧

引受けの許可の申請	引受け当初の信託事務年度及び翌信託事務年度（信託事務年度の定めがない信託にあっては、引受け後二年間）の事業計画書及び収支予算書	手数料なし	moe-houreienv.go.jp
	環境大臣が特に必要と認める書類		

公害健康被害の補償等に関する法律

手続名	必要書類	手数料	申請窓口
硫黄酸化物（SOx）排出実績見込の報告	届出用紙 令和4年（1月～12月）の硫黄酸化物（Sox）排出実績見込み報告書	手数料なし	kougai_houkokuenv.go.jp

浄化槽法

手続名	必要書類	手数料	申請窓口
浄化槽管理士（指定試験機関の浄化槽管理士試験委員の選任）	委員名簿 略歴書 試験委員変更の理由書	手数料なし	hairi_jokasoenv.go.jp
浄化槽管理士（指定試験機関の事業計画の認可等）	事業計画 予算書	手数料なし	hairi_jokasoenv.go.jp
浄化槽管理士（指定講習機関の事業計画の認可等に係る事業報告書及び収支決算書の提出）	決算書 事業報告書	手数料なし	hairi_jokasoenv.go.jp

使用済小型電子機器等の再資源化の促進に関する法律

手続名	必要書類	手数料	申請窓口
再資源化事業計画の軽微な変更の届出	届出用紙 住民票 登記事項証明書（商業法人） 決算書 各種資格証明書 当該認定に係る認定証	手数料なし	hairi-recycleenv.go.jp
再資源化事業計画の氏名等の変更の届出	届出用紙 住民票 登記事項証明書（商業法人） 決算書 各種資格証明書 当該認定に係る認定証	手数料なし	hairi-recycleenv.go.jp

再資源化事業計画の認定	届出用紙	手数料なし	hairi-recycleenv.go.jp
	住民票		
	登記事項証明書 (商業法人)		
	決算書		
	各種資格証明書		
	当該認定に係る認定証		
再資源化事業計画の変更の認定	届出用紙	手数料なし	hairi-recycleenv.go.jp
	住民票		
	登記事項証明書 (商業法人)		
	決算書		
	各種資格証明書		
	当該認定に係る認定証		

食品循環資源の再生利用等の促進に関する法律

手続名	必要書類	手数料	申請窓口
再生利用事業を行う事業場の登録の申請	届出用紙	手数料なし	hairi-recycleenv.go.jp
	登記事項証明書 (商業法人)		
	所得証明書・納税証明書等 (国税)		
	定款		
	決算書		
	各種資格証明書		
再生利用事業の登録事項の変更の届出	届出用紙	手数料なし	hairi-recycleenv.go.jp
	登記事項証明書 (商業法人)		
	所得証明書・納税証明書等 (国税)		
	定款		
	決算書		
	各種資格証明書		
再生利用事業の廃止の届出	届出用紙	手数料なし	hairi-recycleenv.go.jp
再生利用事業の登録の更新の申請	届出用紙	手数料なし	hairi-recycleenv.go.jp
	登記事項証明書 (商業法人)		
	所得証明書・納税証明書等 (国税)		
	定款		
	決算書		
	各種資格証明書		
再生利用事業に係る料金の届出	届出用紙	手数料なし	hairi-recycleenv.go.jp

資料

再生利用事業に係る料金の変更の届出	届出用紙	手数料なし	hairi-recycleenv.go.jp
再生利用事業計画の認定の申請	届出用紙	手数料なし	hairi-recycleenv.go.jp
	住民票		
	登記事項証明書(商業法人)		
	所得証明書・納税証明書等(国税)		
	定款		
	決算書		
	各種資格証明書		
再生利用事業計画の変更の認定の申請	届出用紙	手数料なし	hairi-recycleenv.go.jp
	住民票		
	登記事項証明書(商業法人)		
	所得証明書・納税証明書等(国税)		
	定款		
	決算書		
	各種資格証明書		

振動規制法施行令

手続名	必要書類	手数料	申請窓口
低振動型圧縮機の型式指定申請	届出用紙	手数料なし	otoenv.go.jp
	圧縮機の型式の仕様書		

水銀による環境の汚染の防止に関する法律

手続名	必要書類	手数料	申請窓口
新用途水銀使用製品の製造の届出	届出用紙	手数料なし	suiginenv.go.jp
	登記事項証明書(商業法人)		
	定款		

絶滅のおそれのある野生動植物の種の保存に関する法律

手続名	必要書類	手数料	申請窓口
希少種保全動植物園等認定(変更の認定/認定の更新)申請	届出用紙	手数料なし	shizen-kishoshuenv.go.jp
	登記事項証明書(商業法人)(認定の場合かつ申請者が地方公共団体以外の場合のみ)		
	定款(認定の場合かつ申請者が地方公共団体以外の場合のみ(定款または寄付行為のいずれか))		

224

希少種保全動植物園等認定（変更の認定／認定の更新）申請	飼養栽培施設の規模及び構造を明らかにした図面及び写真している動植物の個体一覧	手数料なし	shizen-kishoshuenv.go.jp
	飼養栽培している動植物の個体一覧		
	役員名簿（認定の場合かつ申請者が地方公共団体以外の場合のみ）		
	設置者からの管理委託関係について説明した書類		
希少種保全動植物園等の認定（更新）を受けようとする法人に係る誓約	届出用紙	手数料なし	shizen-kishoshuenv.go.jp
希少種保全動植物園等の認定事項に係る変更届出	届出用紙	手数料なし	shizen-kishoshuenv.go.jp
希少野生動植物種の飼養等及び譲渡し等に関する事項（報告）	届出用紙	手数料なし	shizen-kishoshuenv.go.jp
生息地等保護区監視地区内の行為に係る届出	届出用紙	手数料なし	shizen-kishoshuenv.go.jp
	行為地の位置を明らかにした縮尺五万分の一以上の地形図		
	行為地及びその付近の状況を明らかにした縮尺五千分の一以上の概況図及び天然色写真		
	行為の施行方法を明らかにした縮尺千分の一以上の平面図、立面図、断面図及び構造図		
生息地等保護区管理地区立入制限地区内立入許可申請	届出用紙	手数料なし	shizen-kishoshuenv.go.jp
	位置図		
	立ち入る巡路、範囲その他の立入りの方法を明らかにした図面		

資料

■電子メールによる手続き一覧

生息地等保護区管理地区内の行為許可	届出用紙	手数料なし	shizen-kishoshuenv.go.jp
	行為地の位置を明らかにした縮尺五万分の一以上の地形図		
	行為地及びその付近の状況を明らかにした縮尺五千分の一以上の概況図及び天然色写真		
	行為の施行方法を明らかにした縮尺千分の一以上の平面図、立面図、断面図及び構造図		
生息地等保護区管理地区における既着手行為に係る届出	届出用紙	手数料なし	shizen-kishoshuenv.go.jp
	行為地の位置を明らかにした縮尺五万分の一以上の地形図		
	行為地及びその付近の状況を明らかにした縮尺五千分の一以上の概況図及び天然色写真		
	行為の施行方法を明らかにした縮尺千分の一以上の平面図、立面図、断面図及び構造図		
生息地等保護区管理地区における非常災害に係る応急措置の届出	届出用紙	手数料なし	shizen-kishoshuenv.go.jp
	行為地の位置を明らかにした縮尺五万分の一以上の地形図		
生息地等保護区管理地区の指定等に関する意見書の提出	届出用紙なし	手数料なし	shizen-kishoshuenv.go.jp
生息地等保護区の指定等に関する意見書の提出	届出用紙なし	手数料なし	shizen-kishoshuenv.go.jp
認定希少種保全動植物園等の廃止届出	届出用紙	手数料なし	shizen-kishoshuenv.go.jp
認定保護増殖事業者からの報告	その保護増殖事業の実施状況その他必要な事項について記載した書類	手数料なし	shizen-kishoshuenv.go.jp
補償の請求	届出用紙なし	手数料なし	shizen-kishoshuenv.go.jp

特定工場における公害防止組織の整備に関する法律施行規則

手続名	必要書類	手数料	申請窓口
講習機関の登録申請	届出用紙 特定工場における公害防止組織の整備に関する法律施行規則第十九条参照	手数料なし	MIZU-TAIKI-SOUMU-EQSenv.go.jp

特定特殊自動車排出ガスの規制等に関する法律

手続名	必要書類	手数料	申請窓口
型式指定特定原動機の製作等を行わなくなった旨の届出	届出用紙	手数料なし	offroad-jidoshaenv.go.jp
型式届出特定特殊自動車の記載事項の変更の届出	届出用紙	手数料なし	offroad-jidoshaenv.go.jp
	登記事項証明書(商業法人)		
	届出に係る型式の特定特殊自動車のいずれもが特定特殊自動車技術基準に適合することの確認の方法		
	諸元表		
	外観図		
	特定特殊自動車技術基準に適合することを証する書面		
	搭載する特定原動機が指定を受けた型式としての構造及び性能を有していることの確認を行った書面		
	点検整備方式を記載した書面		
	基準適合表示の表示位置及び表示方式を記載した書面		
	法第10条第2項の購入契約を締結している者にあっては、当該契約書の写し		
少数生産特定特殊自動車の特例承認申請	届出用紙	手数料あり納付方法(収入印紙送付	offroad-jidoshaenv.go.jp
	諸元表		
少数生産特定特殊自動車の特例承認申請	外観図	19,300円(電子情報処理組織を使用する場合にあっては、19,100円))	

資料

少数生産特定特殊自動車の特例承認申請	型式届出特定特殊自動車と同等の排出ガス性能を有することを証する書面	手数料あり納付方法(収入印紙送付19,300円(電子情報処理組織を使用する場合にあっては、19,100円))	offroad-jidoshaenv.go.jp
	少数特例表示の表示位置及び表示方式を記載した書面		(郵送先)〒100-8975東京都千代田区霞が関1-2-2中央合同庁舎5号館環境省水・大気環境局自動車環境対策課
	その他主務大臣が承認に関し必要があると認めた書面		
	収入印紙（郵送が必要）		
特定原動機の型式指定申請	届出用紙	手数料あり納付方法(登録検査機関に納める)	offroad-jidoshaenv.go.jp
	申請に係る特定原動機の構造及び性能を記載した書面		
	申請に係る特定原動機の外観図		
	特定原動機技術基準に適合することを証する書面		
	品質管理に係る業務組織及び品質管理の実施要領を記載した書面		
	特定原動機を取り付けることができる特定特殊自動車の範囲		
	点検整備方式を記載した書面		
	型式指定表示の表示位置及び表示方式を記載した書面		
	特定原動機を製作することを業とする者から特定原動機を購入する契約を締結している者にあっては、当該契約書の写し		
	運転した特定原動機の提示に代えることができる書面		
	試験特定原動機の選定理由書		
特定特殊自動車の型式届出	届出用紙	手数料なし	offroad-jidoshaenv.go.jp

特定特殊自動車の型式届出	届出に係る型式の特定特殊自動車のいずれもが特定特殊自動車技術基準に適合することの確認の方法	手数料なし	offroad-jidoshaenv.go.jp
	諸元表		
	外観図		
	特定特殊自動車技術基準に適合することを証する書面		
	搭載する特定原動機が指定を受けた型式としての構造及び性能を有していることの確認を行った書面		
	点検整備方式を記載した書面		
	基準適合表示の表示位置及び表示方式を記載した書面		
	法第 10 条第 2 項の購入契約を締結している者にあっては、当該契約書の写し		
特定特殊自動車の技術基準適合の確認申請	届出用紙	手数料あり納付方法（登録検査機関に納める）	offroad-jidoshaenv.go.jp （郵送先） 〒 100-8975 東京都千代田区霞が関 1-2-2 中央合同庁舎 5 号館 環境省水・大気環境局自動車環境対策課
	特定特殊自動車の外観図		
	燃料の種類及び定格出力がわかる書類		
	140 円切手を貼った角形 2 号封筒（押印した確認証の返送用）（郵送が必要）		

特定特殊自動車排出ガスの規制等に関する法律施行規則

手続名	必要書類	手数料	申請窓口
型式指定特定原動機の記載事項の変更の届出	届出用紙	手数料なし	offroad-jidoshaenv.go.jp
	登記事項証明書 (商業法人)		

型式指定特定原動機の変更の承認申請	届出用紙	手数料なし	offroad-jidoshaenv.go.jp
	申請に係る特定原動機の構造及び性能を記載した書面		
	申請に係る特定原動機の外観図		
	特定原動機技術基準に適合することを証する書面		
	品質管理に係る業務組織及び品質管理の実施要領を記載した書面		
	特定原動機を取り付けることができる特定特殊自動車の範囲		
	点検整備方式を記載した書面		
	型式指定表示の表示位置及び表示方式を記載した書面		
	特定原動機を製作することを業とする者から特定原動機を購入する契約を締結している者にあっては、当該契約書の写し		
	運転した特定原動機の提示に代えることができる書面		
	試験特定原動機の選定理由書		
少数生産特定特殊自動車の記載事項の変更の承認申請	届出用紙	手数料なし	offroad-jidoshaenv.go.jp
	諸元表		
	外観図		
	型式届出特定特殊自動車と同等の排出ガス性能を有することを証する書面		
	少数特例表示の表示位置及び表示方式を記載した書面		
	その他主務大臣が承認に関し必要があると認めた書面		
少数生産特定特殊自動車の記載事項の変更の届出	届出用紙	手数料なし	offroad-jidoshaenv.go.jp
	登記事項証明書(商業法人)		
少数生産特定特殊自動車の製作等の廃止届出	届出用紙	手数料なし	offroad-jidoshaenv.go.jp
少数生産特定特殊自動車の特例の失効届出	届出用紙	手数料なし	offroad-jidoshaenv.go.jp

少数生産特定特殊自動車の報告	届出用紙	手数料なし	offroad-jidoshaenv.go.jp
特定特殊自動車の技術基準適合の確認証再交付申請	届出用紙	手数料なし	offroad-jidoshaenv.go.jp
	140円切手を貼った角形2号封筒（押印した確認証の返送用）（郵送が必要）		(郵送先) 〒100-8975 東京都千代田区霞が関1-2-2 中央合同庁舎5号館 環境省水・大気環境局 自動車環境対策課

土壌汚染対策法

手続名	必要書類	手数料	申請窓口
指定調査機関の指定の申請	届出用紙 登記事項証明書(商業法人) 定款 決算書 技術管理者の配置の状況等の添付書類	手数料あり 納付方法 (収入印紙 送付30,900円)	dojo_shiteienv.go.jp
指定調査機関の指定の更新の申請	届出用紙 登記事項証明書(商業法人) 定款 決算書 技術管理者の配置の状況等の添付書類	手数料あり 納付方法 (収入印紙 送付24,800円)	dojo_shiteienv.go.jp
指定調査機関の変更の届出	届出用紙 登記事項証明書(商業法人) 当該変更に係る添付書類	手数料なし	dojo_shiteienv.go.jp
指定調査機関の業務規程の届出	届出用紙 業務規程	手数料なし	dojo_shiteienv.go.jp
指定調査機関の業務規程の変更の届出	届出用紙 業務規程等	手数料なし	dojo_shiteienv.go.jp
指定調査機関の廃止の届出	届出用紙	手数料なし	dojo_shiteienv.go.jp

■電子メールによる手続き一覧

指定支援法人の指定	届出用紙	手数料なし	dojo_shienenv. go.jp
	登記事項証明書 (商業法人)		
	定款		
	決算書		
	意思決定を証する書面等		
指定支援法人の変更の届出	届出用紙	手数料なし	dojo_shienenv. go.jp
	登記事項証明書 (商業法人)		
	定款		
	当該変更に係る書類		
指定支援法人の事業計画等の認可	届出用紙	手数料なし	dojo_shienenv. go.jp
	事業計画書		
	収支予算書		
	予定貸借対照表		
指定支援法人の事業計画等の変更の認可	届出用紙	手数料なし	dojo_shienenv. go.jp
	事業計画書等の変更に係る書類		
指定支援法人の事業報告提出	届出用紙	手数料なし	dojo_shienenv. go.jp
	決算書		
	事業報告書		

土壌汚染対策法に基づく指定調査機関及び指定支援法人に関する省令

手続名	必要書類	手数料	申請窓口
技術管理者証の更新申請	届出用紙 ※収入印紙は不要 更新申請手数料を振り込んだ際の振込明細 (振込日、振込名義、振込金額がわかるもの) 更新講習の修了証 現在の技術管理者証 (郵送が必要) 技術管理者証の内容に変更がある方のみ:本籍の記載のある住民票の写し (又は戸籍謄本・抄本、これらに代わる書面。いずれも発行から6ヵ月以内のものに限る。) ※旧姓の併記を希望する場合は、必ず本籍と旧姓の記載のある住民票の写しが必要	手数料あり (更 新 申請 手 数 料 1,250 円)	dojo_ shinseijesc. or.jp (郵送先) 〒 210-0828 神奈川県川崎市川崎区四谷上町 10-6 一般財団法人日本環境衛生センター 研修事業部 土壌汚染調査技術管理者講習係

南極地域の環境の保護に関する法律

手続名	必要書類	手数料	申請窓口
確認申請・届出の手続の流れ（https://www.env.go.jp/nature/nankyoku/kankyohogo/kankyou_hogo/tetsuzuki/tetsuzuki.html）を参照	確認申請・届出の手続の流れ（https://www.env.go.jp/nature/nankyoku/kankyou_hogo/tetsuzuki/tetsuzuki.html）を参照	手数料なし	antarcticenv.go.jp

フロン類の使用の合理化及び管理の適正化に関する法律

手続名	必要書類	手数料	申請窓口
情報処理センターの変更の届出	届出用紙	手数料なし	furonenv.go.jp
業務規程の認可	届出用紙	手数料なし	furonenv.go.jp
事業計画書等の認可	届出用紙	手数料なし	furonenv.go.jp
	事業計画書		
	収支予算書		
	前事業年度の予定貸借対照表		
	当該事業年度の予定貸借対照表		
	収支予算書の参考となる書類		
事業報告書等の提出	届出用紙	手数料なし	furonenv.go.jp

平成二十三年三月十一日に発生した東北地方太平洋沖地震に伴う原子力発電所の事故により放出された放射性物質による環境の汚染への対処に関する特別措置法

手続名	必要書類	手数料	申請窓口
放射性物質汚染対処特措法に基づく廃棄物の汚染状況調査報告及び指定廃棄物の指定申請等	届出用紙等 詳細については、各地方環境事務所のホームページにてご確認ください。	手数料なし	各地方環境事務所のホームページにてご確認ください。

令和6年度　環境省概算要求・要望の概要

1．歳出予算

(単位：億円)

【一般会計】

	令和5年度 当初予算額	令和6年度			
		概算要求額	重要政策推進枠 要望額	計	対前年度比
一般政策経費等	1,490	1,362	500	1,862	125%

【エネルギー対策特別会計（GX推進対策費を除く）】

	令和5年度 当初予算額	令和6年度			
		概算要求額	重要政策推進枠 要望額	計	対前年度比
エネルギー特会	1,747	2,173	282	2,455	141%

小計

	令和5年度 当初予算額	令和6年度			
		概算要求額	重要政策推進枠 要望額	計	対前年度比
一般会計＋エネ特	3,237	3,536	782	4,317	133%

【エネルギー対策特別会計（GX推進対策費）】

	令和5年度 当初予算額	令和6年度			
		概算要求額	重要政策推進枠 要望額	計	対前年度比
GX推進対策費	166	1,571	—	1,571	—

※産業競争力強化・経済成長及び排出削減効果が高いGXの促進に係る経費については、予算編成過程において検討する。

【東日本大震災復興特別会計】

	令和5年度 当初予算額	令和6年度			
		概算要求額	重要政策推進枠 要望額	計	対前年度比
復興特会	3,197	1,987	—	1,987	62%

合　計

	令和5年度 当初予算額	令和6年度			
		概算要求額	重要政策推進枠 要望額	計	対前年度比
合計	6,600	7,093	782	7,875	119%

※「防災・減災、国土強靱化のための5カ年加速化対策」に係る経費については、予算編成過程において検討する。
※国際観光旅客税財源充当事業については、「国際観光旅客税の使途に関する基本方針等について」（令和3年12月24
　日観光立国推進閣僚会議決定、令和4年12月23日一部変更）に基づいて、観光庁において一括計上して要求する。
※四捨五入等の理由により、計数が合致しない場合がある。

2．財政投融資等

	令和5年度 当初予算額	令和6年度			
		概算要求額	重要政策推進枠 要望額	計	対前年度比
財政投融資等 （産業投資及び政府 保証の合計額）	600	600	—	600	100%

令和 6 年度　環境省重点施策

≪基本的方向≫

資
料

「もはや待ったなし」と言われる気候変動問題は不可逆的な岐路を目前とし、常態化する異常気象や頻発・激甚化する災害は、人の命や経済活動における世界的に重大なリスクとなっている。人類史上かつてない速度の生態系の変化は、安全な水や食糧といった資源供給や地域の暮らしを脅かしている。化石燃料や物価の高騰は、エネルギーや食糧をめぐる安全保障リスクを顕在化させ、人口減少や地域間の格差は、地域経済・コミュニティの衰退をもたらしている。

このように現在我が国が抱える最重要課題（「時代の要請」）は、**地域、企業、国民一人一人（くらし）**それぞれにとっての課題が絡み合い複雑化している。これに対しては、個別の課題ひとつひとつに取り組むのではなく、社会の仕組みやライフスタイル変革のような複数課題の解決に資する取組が有効である。加えて、G7 広島首脳コミュニケでは、経済の強靱性を高めつつ、自然再興（ネイチャーポジティブ）・炭素中立（ネットゼロ）・循環経済（サーキュラーエコノミー）が達成される経済・社会への転換を統合的に実現していくことが明示されている。

環境省は、このような**「統合的アプローチ」**の考え方の下、経済・社会の基盤となる環境を切り口に「時代の要請」に対応していくことで、将来にわたって質の高い生活をもたらす**「新たな成長」**を実現、ひいては**「新しい資本主義」**にも貢献する。加えて、時代の要請に応えようとする政府全体の取組について、**環境省のチェック機能**を活かし、国民の安心感を醸成し、社会的な合意形成を促進することで、**「新たな成長」**を加速化させる。

具体的には、経済・社会のニーズに応じた政策パッケージとして、自然再興につながる民間活動の促進や、地域共生型再エネの導入等、地域の特性に基づく地域資源・自然資本の保全・利用による**地域の活性化・強靱化**を促進するとともに、動静脈連携を通じた資源循環の加速等を図り、国内外の**バリューチェーン**で日本企業の競争力を高め経済安全保障に貢献する。また、新たな国民運動（**広く国民より愛称を募った「デコ活」**）により社会の仕組みやライフスタイルを変革することで、将来にわたる**質の高い暮らし**を実現しつつ、成長を支える**人材・技術・資金供給**を強化する。さらに、統合的かつ効率的な課題解決に向けた中長期的な政策のグランドデザインを示すため、**第六次環境基本計画等**を取りまとめる。

併せて、G7 の成果を踏まえ、**環境外交において主導的役割**を発揮する。大阪ブルー・オーシャン・ビジョンの提唱国としてプラスチック汚染に関する条約交渉を主導するとともに、循環経済及び資源効率性の原則等を牽引。さらに、**アジア・ゼロエミッション共同体構想**等の実現に貢献するため、アジアの実情に応じた脱炭素の取組を促進するとともに、世界市場での日本企業の展開を促進し、世界の脱炭素化・強靱化を推進する。

また、**環境省の不変の原点を追求**する取組として、公害の防止や健康被害の補償・救済等の人の命と環境を守る基盤的取組を着実に進めていく。**東日本大震災・原発事故からの復興・再生**については、放射性物質による汚染からの環境再生に向けて、福島県内の除去土壌等の 30 年以内の県外最終処分という約束を果たすべく全力で取り組むとともに、未来志向の取組を展開する。

以上のような、**「時代の要請への対応」**と**「不変の原点の追求」**という 2 つのコア・ミッションの実現に向けて、環境省では以下の施策を重点的に展開していく。

1．社会課題解決による持続可能な成長の推進

～時代の要請への対応（統合的アプローチ）～

1－1．社会課題解決に向けた政策パッケージ

環境が経済・社会の基盤としての役割を果たすことについては、SDGsにおけるウェディングケーキモデル[※1]でも示されている。中でも、生物多様性を基礎として成り立つ自然資本は、水や食糧をはじめとする資源の供給源であり、良質なストックの形成が良質なフローの提供を可能とする。こうした発想の下、地域の特性に基づく地域資源・自然資本の保全・利用による**地域の活性化・強靭化**に取り組む。地域における自然再興に向けた民間活動を促進する「法制度の検討」[※2]やインセンティブの整備、良好な環境の保全・回復、国立公園や世界自然遺産地域等の魅力向上・活用推進、風力発電の導入やCCSの実装を環境保全と両立しながら加速化させる制度づくりや技術実証、更なる太陽光発電の導入や蓄電池の活用、脱炭素先行地域の展開等による地域共生・自家消費型の再エネの最大限導入、地域循環共生圏の創出・拡大、地域の循環システムの構築を通じた循環経済の実現等による地域の経済・社会のトランジション支援に取り組む。

また、経済安全保障・食糧安全保障に直結する国内外のバリューチェーンにおいて、日本企業が評価され競争優位になる仕組みが必要である。動静脈連携を通じたライフサイクル全体の徹底的な資源循環とそれによる脱炭素化、商用車の電動化をはじめとするモビリティの脱炭素化、中小企業をはじめとする企業の脱炭素経営の後押し、コールドチェーンの脱フロン化・脱炭素化等を通じ、国内外の**バリューチェーン**で日本企業が評価され競争優位になる仕組みを構築する。

さらに、安全・安心な生活環境を確保しつつ、将来にわたる**質の高い暮らし**を実現するための施策を進める。「デコ活」（脱炭素につながる新しい豊かな暮らしを創る国民運動）による社会の仕組みやライフスタイルの変革、環境教育やESD（持続可能な開発のための教育）、新築住宅・建築物のZEH・ZEB化の支援や断熱窓への改修を含む省エネ改修の推進、熱中症特別警戒情報の活用や指定暑熱避難施設の指定の働き掛けなど改正適応法・機構法に基づく熱中症対策の強化、ヒアリ定着防止や特定外来生物防除の強化・鳥獣保護管理・動物愛護管理の推進、自然公園等施設の整備、一般廃棄物処理施設・浄化槽の整備等を通じた持続可能で強靭な廃棄物処理体制の構築等を推進する。

そのほか、成長を支える**人材・技術・資金供給を強化**するため、持続可能な地域づくりを担う人材づくり、環境スタートアップ等の事業のフェーズに応じたシームレスな支援や研究開発・イノベーション支援、環境関連金融商品の組成・投資の拡大や地域におけるESG金融の拡大を含むサステナブルファイナンスの推進等を進めていく。

経済の強靭性を高めつつ、自然再興・炭素中立・循環経済の同時実現に向け、こうした「統合的アプローチ」を含む中長期的な政策のグランドデザインを示すため、**第六次環境基本計画**及び**第五次循環型社会形成推進基本計画**を取りまとめる。

※1　ウェディングケーキモデル：ストックホルムレジリエンスセンターが提案した、SDGsの17の目標を経済・社会・環境の三層に構成したモデル。

※2　経済運営と改革の基本方針2023（以下「骨太の方針」という。）においては、「2030年までに生物多様性の損失を止めて反転させる目標に向け、（中略）自主的取組を認定する法制度の検討」を行うこととしている。

（金額は億円単位）

（1）地域の特性に基づく地域資源・自然資本の保全・利用による地域の活性化・強靱化

- 国立公園満喫プロジェクト等国立公園の保護と利用推進・国民公園の魅力向上　　31（18）
- 自然公園等事業費等　　91+事項要求（77）
- OECM・生物多様性保全等の推進を通じた地域活性化（OECM×良好な環境の創　　4（3）
  造による自然再生・地域創生の推進）
- 世界自然遺産地域の保全管理対策の強化　　14（8）
- 環境保全と利用の最適化による地域共生型再エネ導入加速化検討事業【エネ特】　　9（新規）
- 地域脱炭素の推進のための交付金【エネ特＋GX】　　660（350）
- 株式会社脱炭素化支援機構による脱炭素事業への資金供給【産業投資及び政府保　　600（600）
  証の合計額】
- 地域再エネの最大限導入のための地方自治体の計画づくり支援【エネ特】　　28（8）
- 初期費用ゼロ型太陽光発電等の再生可能エネルギー設備全国導入加速化支援（民　　193（43）
  間企業等による再エネ主力化・レジリエンス強化促進事業）
- CCUS早期社会実装のための環境調和の確保及び脱炭素・循環型社会モデル構築　　55（75）
  【エネ特】
- 地域循環共生圏の創出・拡大（地域循環共生圏創造事業費）　　5（新規）

≪制度的対応≫
・自然再興に向けた民間活動促進のための「法制度の検討」（骨太の方針より引用）
・ネイチャーポジティブ経済移行戦略（仮称）の実行
・地域共生型再エネ普及加速化に向けた制度的対応の検討
・風力発電の導入やCCSの実装を環境保全と両立しながら加速化させる制度的対応の検討

（2）国内外のバリューチェーンで日本企業が評価され競争優位になる仕組みの構築

- プラ・金属資源等のバリューチェーン脱炭素化のための設備高度化【エネ特】　　80（50）
- 化石由来資源からの再生可能資源（バイオマスプラスチック、SAF等）への素材　　47（47）
  代替、金属・再エネ関連製品等の省CO2型リサイクル、地域の廃棄物バイオマ
  スの利活用等の実証（脱炭素型循環経済システム構築促進事業）【エネ特】
- 動静脈連携による資源循環情報活用推進費　　1（0.8）
- バリューチェーン全体での脱炭素経営の実践普及・高度化【一部エネ特】　　14（14）
- 工場・事業場における先導的な脱炭素化取組推進（SHIFT）事業【エネ特】　　90（37）
- 商用車の電動化促進事業【GX】　　341（136）
- 運輸部門の脱炭素化に向けた先進的システム社会実装促進事業【エネ特】　　20（新規）
- 空港・港湾・海事分野における脱炭素化促進事業【エネ特】　　17（17）
- コールドチェーンを支える冷凍冷蔵機器の脱フロン・脱炭素化の推進【エネ特】　　70（70）

≪制度的対応≫
・動静脈連携による中長期的に強靱な資源循環市場の創出支援に向けた制度的対応の検討

（3）将来にわたる安全・安心で質の高い暮らしの実現

- ・「デコ活」（脱炭素につながる新しい豊かな暮らしを創る国民運動）をはじめ　52（2）
  とするライフスタイルの変革促進（「デコ活」推進事業（新規）、資源循環、
  海洋ごみ、環境教育等に係る普及啓発の推進）【一部エネ特】
- ・断熱窓への改修促進等による住宅の省エネ・省 CO2 加速化支援【GX】　1,170（4 年度補正 100）
- ・住宅の ZEH・省 CO2 化促進【エネ特】　124（100）
- ・建築物の ZEB・省 CO2 化促進【エネ特】　150（新規）
- ・熱中症対策の推進　5（2）
- ・子どもの健康と環境に関する全国調査（エコチル調査）　62（56）
- ・地方公共団体が実施する外来生物対策への支援及び国内へのヒアリの定着　9（6）
  防止等（外来生物対策費）
- ・鳥獣保護管理の推進　7（7）
- ・動物の愛護及び管理の推進　4（4）
- ・一般廃棄物処理施設の整備【一部エネ特】　704+事項要求（494）
- ・浄化槽の整備【一部エネ特】　105+事項要求（104）

≪制度的対応≫
・暮らしの 10 年ロードマップ（仮称）の実行

（4）成長を支える人材・技術・資金供給の強化

① 持続可能な地域づくりを担う人材づくり

- ・地域脱炭素のための人材づくり支援（地域脱炭素実現に向けた再エネの最大　28 の内数
  限導入のための計画づくり支援事業の一部）【エネ特】（再掲）　（8 の内数）
- ・地域の中小企業の脱炭素化を先導する人材の育成（バリューチェーン全体で　14 の内数
  の企業の脱炭素経営普及・高度化事業の一部）【エネ特】（再掲）　（14 の内数）

② スタートアップ・イノベーション支援

- ・環境政策への貢献・反映を目的としたスタートアップによる技術開発の実　54 の内数
  証・実用化の推進（環境研究総合推進費関係経費の一部）　（53 の内数）
- ・イノベーション創出のための環境スタートアップによる研究開発の支援　2（1）
- ・環境政策への貢献・反映を目的とした研究開発の推進（環境研究総合推進費　54（53）
  関係経費）（再掲）
- ・スタートアップ企業に対する事業促進支援（地域共創・セクター横断型カー　50 の内数
  ボンニュートラル技術開発・実証事業の一部）【エネ特】　（50 の内数）

③ ESG 地域金融をはじめとするサステナブルファイナンスの推進・拡大

- ・グリーンファイナンスの裾野拡大・質の担保のための基盤整備、ESG 金融　9（9）
  の更なる浸透のための市場動向調査・情報発信【一部エネ特】

≪制度的対応≫
・環境研究・環境技術開発の推進戦略の改訂

※　こうした「統合的アプローチ」を含む中長期的な政策のグランドデザインを示すため、
　第六次環境基本計画及び第五次循環型社会形成推進基本計画を取りまとめる。

1－2．国際展開

　　2023年G7の成果を踏まえ**環境外交を強化**しつつ、2025年の大阪・関西万博も見据え、我が国の取組を国際社会に発信し、国際連携をさらに深めていく。大阪ブルー・オーシャン・ビジョンの実現と併せて、2040年までの追加的プラスチック汚染ゼロとの野心の達成に向けた、多くの国が参加する効果的な条約の策定交渉を主導する。G7の循環経済及び資源効率性の原則や昆明・モントリオール生物多様性枠組を踏まえたネイチャーポジティブ経済アライアンス等の枠組みを牽引する。

　　二国間クレジット制度（JCM）については、2025年を目処としてパートナー国を世界全体で30か国程度へ拡大すること及び2030年までの累積で1億 t –CO2程度の国際的な排出削減・吸収量を確保することを目指し、JCMの実施体制強化の検討を進めるとともに、国際機関と連携した案件形成・実施の強化、民間資金を中心としたJCMの拡大を通じて世界の脱炭素化を推進する。併せて、パリ協定6条実施パートナーシップセンターによる能力構築支援等を通じ、「質の高い炭素市場」の構築を行い、市場メカニズムの世界的拡大への貢献を進める。

　　また、**アジア・ゼロエミッション共同体構想**等に貢献するため、「日ASEAN気候環境戦略プログラム」を提唱する。具体的には、長期戦略策定、透明性向上のための制度構築、サプライチェーンでの気候関連情報開示促進、都市の気候行動促進や早期警戒システムを含む気候変動ロス＆ダメージ支援パッケージの活用を含む包括的な途上国の脱炭素化・強靱化移行支援を進めるとともに、循環産業の国際展開及び国際資源循環体制の構築を進める。

（金額は億円単位）

（1）G7の成果を踏まえた**環境外交の強化**

- ネイチャーポジティブ（NP）の実現に向けた生物多様性保全等のための国際協力・ルール先導推進費 ... 1（1）
- 生物多様性条約等拠出金（昆明・モントリオール生物多様性枠組の実施のための特別信託基金拠出金等）... 6（5）
- 海洋プラスチック汚染の国際枠組推進・科学的基盤整備や海洋ごみ対策推進（海洋プラスチックごみ総合対策費の一部）... 23＋事項要求の内数（6の内数）
- GOSATシリーズによる排出量検証に向けた技術高度化【一部エネ特】... 36（30）
- パリ協定実現に資する高度で継続的な教育・能力開発カリキュラムの開発・実施（国連大学拠出金の一部）... 2の内数（2の内数）

（2）アジア・ゼロエミッション共同体構想等への貢献

- 脱炭素移行促進に向けた二国間クレジット制度（JCM）の推進【エネ特】... 190（138）
- アジア等国際的な脱炭素移行支援のための基盤整備【エネ特】... 14（12）
- 環境インフラの導入等を通じた途上国・新興国協力の推進（環境国際協力・インフラ戦略推進費）... 5（5）
- 国際メタン等排出削減拠出金 ... 2（新規）
- アジア・アフリカ諸国における3Rの戦略的実施支援事業拠出金（循環経済移行促進事業の一部）... 7の内数（6の内数）
- 気候変動影響評価・適応の推進 ... 7（7）
- 循環産業の海外展開支援基盤整備（循環経済移行促進事業の一部）（再掲）... 7の内数（6の内数）

≪制度的対応≫
・JCMの実施体制強化に向けた制度的対応の検討

1－3．自然再興（ネイチャーポジティブ）

持続可能な経済・社会システムを実現するためには、2030年までに**自然再興**（ネイチャーポジティブ＝生物多様性の損失を止め、回復軌道に乗せること）を実現する必要がある。このため、生物多様性国家戦略に基づき、2030年までに**陸・海の30%以上の保全（30by30目標）**の実現を目指す。具体的には、国立公園等の保護地域の新規指定・区域拡張に加え、OECM※1推進のための自然共生サイトの認定の加速化や、民間活動を促進する「法制度の検討」を進めるとともに、活動を促進するためのインセンティブの整備や活動成果等の見える化、OECMのベストプラクティスとしての国際展開等を推進する。

また、**自然再興を実現する経済に移行するための戦略**を策定し、経営に生物多様性・自然資本への配慮を求めるTNFD※2等の情報開示やSBTfN※3といった国際的枠組への対応支援及びそれらの基本となるデータ把握・管理の在り方の検討等を通じて、先進的な日本企業等による取組を後押しする。生態系を活用した防災・減災等の自然を活用した解決策の推進、OECMに貢献する良好な環境の創出、豊かな海づくり等、生物多様性保全の取組を進める。

加えて、民間活力等による**国立公園や国民公園、世界自然遺産地域等の魅力向上・利用推進**により、**国内外からの誘客を促進**し地域活性化を図ることで、自然環境の保全へ再投資される「保護と利用の好循環」を実現するとともに、持続可能な観光立国に貢献する。国立公園満喫プロジェクトの全34国立公園への水平展開、民間活力等も活用した国立公園での滞在体験の魅力向上のための施策の実施、安全で快適な公園利用を支える自然公園等施設の整備・更新、新宿御苑や北の丸公園を含めた皇居外苑など国民公園の機能強化、温泉地等における地域共生型の地熱開発や温泉熱利活用の推進に取り組む。

※1 OECM：Other Effective area-based Conservation Measures（保護地域以外で生物多様性保全に資する区域）
※2 TNFD：Taskforce on Nature-related Financial Disclosures
※3 SBTfN：Science Based Targets for Nature

（金額は億円単位）

（1）生物多様性国家戦略に基づく 30by30 目標や自然資本に配慮した経営等の実現

- OECM・生物多様性保全等の推進を通じた地域活性化（OECM×良好な環境の創造による自然再生・地域創生の推進）（再掲）　4（3）
- 豊かさを実感できる海の再生　2（2）
- 生物多様性「見える化」・国際的枠組への取組推進　6（6）

（2）国立公園・国民公園の魅力向上・利用推進等による国内外からの誘客の促進

- 国立公園満喫プロジェクト等国立公園の保護と利用推進・国民公園の魅力向上（再掲）　31（18）
- 自然公園等事業費等（再掲）　91＋事項要求（77）
- 世界自然遺産地域の保全管理対策の強化（再掲）　14（8）
- IoTを活用した連続温泉モニタリングの仕組みの構築等を通じた地域共生型地熱利活用の推進（地域共生型地熱利活用に向けた方策等検討事業）【エネ特】　2（2）

≪制度的対応≫
・自然再興に向けた民間活動促進のための「法制度の検討」（骨太の方針より引用）（再掲）
・ネイチャーポジティブ経済移行戦略（仮称）の実行（再掲）

資
料

1-4. 炭素中立（ネットゼロ）

　パリ協定の1.5度目標の達成を目指し、エネルギー安全保障にも資するよう、炭素中立型経済社会への移行を加速することが重要である。我が国は、**2050年温室効果ガス排出実質ゼロ**及び**2030年度温室効果ガス46%削減**の実現を目指し、**50%の高みに向けた挑戦**を続けていく。

　その実現に向け、地域・くらしの**脱炭素トランジション**を促進する。地域脱炭素の推進のための交付金を拡充し、2025年度までに少なくとも100か所選定する**脱炭素先行地域**と脱炭素の基盤となる重点対策を通じてGXの社会実装を後押しする。また、株式会社脱炭素化支援機構を通じた公的資金と民間資金を組み合わせることで、GX分野における多様な事業への**民間投資の拡大**を図る。こうした資金供給と併せて、情報基盤整備や地方環境事務所による支援等を通じて、地球温暖化対策推進法による再エネ促進区域の設定を推進し、制度的対応も含め、地域共生型再エネ普及を加速化させ、都市を含む地域の脱炭素化と地域課題活性化等の課題解決の同時展開を実現する。

　また、**新たな国民運動「デコ活」**の全国展開等により、社会の仕組みやライフスタイルの変革を促し、製品に係る温室効果ガス排出量等の表示推進等と併せて脱炭素製品等の需要を喚起するとともに、新築住宅・建築物のZEH・ZEB化の支援や断熱窓への改修を含む省エネ改修の推進、物流を含むバリューチェーン・サプライチェーンの脱炭素化等により、社会全体としての**脱炭素な経済・社会システムへの転換**を促進する。

　さらに、蓄電池の活用による自家消費型太陽光電池の最大限導入促進、再エネ由来のグリーン水素・熱の活用等、脱炭素移行に必要な**先導技術の早期実証・社会実装**を進める。

　また、実行フェーズへと入っていく**「成長志向型カーボンプライシング構想」**については、具体的な取組を進めていく。

　併せて、ブルーカーボン（海洋生態系によって吸収・固定される二酸化炭素由来の炭素）の活用や**森林等の吸収源対策**等、炭素中立型経済社会実現に貢献する取組や、熱中症対策・民間企業による気候変動適応支援等の**適応施策**を推進する。

（金額は億円単位）

（1）経済・社会の脱炭素移行
① 地域共生型再生可能エネルギーの導入加速化

・ 地域脱炭素の推進のための交付金【エネ特＋GX】（再掲）	660（350）
・ 株式会社脱炭素化支援機構による脱炭素事業への資金供給【産業投資及び政府保証の合計額】（再掲）	600（600）
・ 株式会社脱炭素化支援機構と連携した地域脱炭素投融資促進	0.7（0.7）
・ 地域再エネの最大限導入のための地方自治体の計画づくり支援【エネ特】（再掲）	28（8）
・ 初期費用ゼロ型太陽光発電等の再生可能エネルギー設備全国導入加速化支援（民間企業等による再エネ主力化・レジリエンス強化促進事業）【エネ特】（再掲）	193（43）
・ 防災拠点や避難施設となる公共施設への再生可能エネルギー設備導入支援【エネ特】	40（20）
・ 環境保全と利用の最適化による地域共生型再エネ導入加速化検討事業【エネ特】（再掲）	9（新規）
・ 再生可能エネルギー資源発掘・創生のための情報提供システム整備【エネ特】	9（9）

② 脱炭素につながるライフスタイルの実装

- 「デコ活」(脱炭素につながる新しい豊かな暮らしを創る国民運動) をはじ   52 (2)
  めとするライフスタイルの変革促進 (「デコ活」推進事業 (新規)、資源循
  環、海洋ごみ、環境教育等に係る普及啓発の推進)【一部エネ特】(再掲)
- 断熱窓への改修促進等による住宅の省エネ・省 CO_2 加速化支援【GX】   1,170 (4 年度補正 100)
  (再掲)
- 住宅の ZEH・省 CO_2 化促進【エネ特】(再掲)   124 (100)
- 建築物の ZEB・省 CO_2 化促進【エネ特】(再掲)   150 (新規)

③ バリューチェーン・サプライチェーンの脱炭素移行

- 工場・事業場における先導的な脱炭素化取組推進 (SHIFT) 事業【エネ特】(再掲)   90 (37)
- バリューチェーン全体での脱炭素経営の実践普及・高度化【一部エネ特】(再掲)   14 (14)
- 商用車の電動化促進事業【GX】(再掲)   341 (136)
- 運輸部門の脱炭素化に向けた先進的システム社会実装促進事業【エネ特】(再掲)   20 (新規)
- 空港・港湾・海事分野における脱炭素化促進事業【エネ特】(再掲)   17 (17)
- コールドチェーンを支える冷凍冷蔵機器の脱フロン・脱炭素化の推進【エネ特】(再掲)   70 (70)

④ 成長志向型カーボンプライシングの取組

- カーボンプライシング調査【エネ特】   2 (3)
- J-クレジット制度の運営・促進 (温室効果ガス関連情報基盤整備事業の一部)   6 の内数
  【一部エネ特】   (6 の内数)
- グリーン購入・契約推進   0.7 (0.7)

(2) 脱炭素化を加速する先導技術の早期実証・社会実装

- 再エネ等から製造した水素の利活用推進【エネ特】   56 (66)
- CCUS 早期社会実装のための環境調和の確保及び脱炭素・循環型社会モデル構築   55 (75)
  【エネ特】(再掲)
- 潮流発電の実用化技術確立や商用展開に向けた実証【エネ特】   7 (7)
- スタートアップ企業に対する事業促進支援 (地域共創・セクター横断型カーボンニ   50 (50)
  ュートラル技術開発・実証事業)【エネ特】(再掲)
- 革新的な省 CO_2 実現のための部材や素材の社会実装・普及展開加速化【エネ特】   38 (38)
- 脱炭素に向けた革新的触媒技術の開発・実証【エネ特】   19 (19)

(3) 森林等の吸収源対策及び適応策の推進

- 森林等の吸収源対策に関する国内基盤整備事業費   1 (0.3)
- 温室効果ガスインベントリの管理 (2050 年カーボンニュートラルの実現に向けた   12 の内数
  インベントリ整備・中長期的排出削減対策検討等調査費の一部)【一部エネ特】   (12 の内数)
- 熱中症対策の推進 (再掲)   5 (2)
- 気候変動影響評価・適応の推進 (再掲)   7 (7)

≪制度的対応≫
・地域共生型再エネ普及加速化に向けた制度的対応の検討 (再掲)
・風力発電の導入や CCS の実装を環境保全と両立しながら加速化させる制度的対応の検討 (再掲)

1－5．循環経済（サーキュラーエコノミー）

　持続可能な経済・社会システムや地域づくりを実現するため、カーボンニュートラルやネイチャーポジティブの実現といった環境面に加えて、経済安全保障や国際競争力強化にも資する**循環経済（サーキュラーエコノミー）への移行**を加速し、循環型社会を実現していくことが必要である。これは資源の採掘から加工、廃棄に至るライフサイクル全体の脱炭素化にもつながり、我が国の温室効果ガス全排出量のうち資源循環が貢献し得る部門の割合は約36%にも上るとの試算もあるなど、炭素中立型経済移行の要となる。

　このため、**第五次循環型社会形成推進基本計画**を取りまとめ、中長期的な政策のグランドデザインを示すとともに、製造業など動脈産業と廃棄物処理業など静脈産業が一体となった資源循環の推進のため、**動静脈連携による中長期的に強靱な資源循環市場の創出**を支援する制度を検討する。2030年までに循環経済関連ビジネスの市場規模を80兆円以上とすることを目指し、プラスチックの資源循環や炭素中立型経済社会移行に不可欠な金属リサイクルの倍増、廃棄物等バイオマスの素材や燃料（SAF等）としての持続的な利活用を促進する。また、**新たな国民運動「デコ活」**による社会の仕組みやライフスタイルの変革とも連携しながら、**ファッションロス削減**などサステナブル・ファッションやリユースに関係主体が積極的に取り組める環境づくり、食品廃棄ゼロエリア創出や飲食店での食べ残しを持ち帰る mottECO（モッテコ）などの**食品ロス削減**の具体的な取組喚起、紙おむつの再生利用等の普及を促進する。併せて、太陽光パネルの廃棄増加に伴う対応や蓄電池などの再エネ関連製品の普及拡大に伴う対応を進める。

　また、気候変動による災害の頻発化・激甚化に対応しつつ、資源循環分野の脱炭素化の実現を図るため、廃棄物処理法に基づく基本方針や廃棄物処理施設整備計画を踏まえ、災害廃棄物対策の体制整備、一般廃棄物処理施設・浄化槽の整備推進、デジタル技術の活用等により、**持続可能で強靱な廃棄物処理体制**を構築する。

（金額は億円単位）

（1）　循環経済（サーキュラーエコノミー）への移行の加速化
* プラ・金属資源等のバリューチェーン脱炭素化のための設備高度化【エネ特】（再掲）　　80（50）
* 化石由来資源からの再生可能資源（バイオマスプラスチック、SAF等）への素材代替、金属・再エネ関連製品等の省CO2型リサイクル、地域の廃棄物バイオマスの利活用等の実証（脱炭素型循環経済システム構築推進事業）【エネ特】（再掲）　　47（47）
* 食品ロス削減、サステナブル・ファッション及びプラスチック等の資源循環の推進　7＋α※（7）やリユースの促進等による循環型社会の実現に向けた支援
　※「デコ活」をはじめとするライフスタイルの変革促進（食品ロス削減、サステナブル・ファッション等）　52の内数
* リチウムイオン電池等処理困難物適正処理対策検討業務　　0.5（0.4）
* 動静脈連携による資源循環情報活用推進費（再掲）　　1（0.8）
* 循環経済移行促進事業（再掲）　　7（6）

（2）　強靱な廃棄物処理体制の構築
* 大規模災害に備えた廃棄物処理体制の検討　　4（3）
* 一般廃棄物処理施設の整備【一部エネ特】（再掲）　　704＋事項要求（494）
* 浄化槽の整備【一部エネ特】（再掲）　　105＋事項要求（104）
* PCB廃棄物の適正な処理の推進等　　75＋事項要求（41）
* 産業廃棄物の不法投棄等の原状回復措置の推進　　2（1）

≪制度的対応≫
・循環型社会形成推進基本計画の改定（再掲）
・動静脈連携による中長期的に強靱な資源循環市場の創出支援に向けた制度的対応の検討（再掲）

2．公害や災害を乗り越える地域が共生する社会に向けた取組〜不変の原点の追求〜

2－1．人の命と環境を守る基盤的取組

環境庁設置から50年、環境省設置から20年を経た中においても、環境省の不変の使命である**人の命と環境を守る基盤的な取組**を着実に進めることが必要である。このため、水俣病や石綿に係る健康被害に対する補償・救済、化学物質等による健康被害の未然防止の観点からの**エコチル調査**、国際的な動向を踏まえた化学産業への支援を着実に推進するとともに、本年9月に採択見込みのSAICMの後継枠組に基づく国内実施計画の策定に向けた検討を進めるほか、**有機フッ素化合物（PFAS）**については、科学的知見の充実と科学的根拠に基づく総合的な対策を推進する。**水道の水質・衛生**については、水源から蛇口の水まで一体的にリスク管理することで、国民の安全・安心を向上させる。

加えて、**良好な環境の創出**を通じた地域づくりや、豊かさを実感できる海の再生やプラスチックを含む海洋ごみ対策等に取り組み、地域活性化や生物多様性保全を推進する。

また地方公共団体による**特定外来生物の防除**の支援やヒアリなどの水際対策の強化、**鳥獣保護管理の強化**、希少種保全対策等を推進する。さらに、犬猫の譲渡の促進等や災害時等のペットの安全確保を通じて、**動物愛護管理**を推進する。

（金額は億円単位）

（1）公害等の健康被害対策と生活環境保全
- 水俣病総合対策関係経費　　　　　　　　　　　　　　　　　　109（111）
- 石綿飛散防止総合対策の推進　　　　　　　　　　　　　　　　0.7（0.7）
- 石綿関連疾患に係る医学的所見の解析調査や診断支援等の推進　　0.5（0.3）
- 子どもの健康と環境に関する全国調査（エコチル調査）（再掲）　　62（56）
- 国際的な動向を踏まえた化学産業への支援（化学物質の審査及び製　6の内数（5の内数）
  造等の規制に関する法律施行経費の一部）
- SAICMの後継枠組に係る調査検討及び国内実施計画の策定（化学　0.8の内数（0.5の内数）
  物質国際対応政策強化事業費の一部）
- PFAS総合対策の推進（PFAS対策推進費等）　　　　　　　　　5（0.7）
- 水・土壌環境における有害物質等の対策検討調査費　　　　　　0.7（0.7）
- 水道水質・衛生管理の対策強化に係る調査検討費　　　　　　　2（新規）

（2）良好な環境の創出
- 良好な環境の創出（OECM×良好な環境の創造による自然再生・　4の内数（3の内数）
  地域創生の推進の一部）（再掲）
- 豊かさを実感できる海の再生（再掲）　　　　　　　　　　　　2（2）
- 海洋プラスチック汚染の国際枠組推進・科学的基盤整備や海洋ご　23＋事項要求の内数（6の内数）
  み対策推進（海洋プラスチックごみ総合対策費の一部）（再掲）

（3）特定外来生物対策や鳥獣保護管理、動物愛護管理の強化等
- 地方公共団体が実施する外来生物対策への支援及び国内へのヒアリ　9（6）
  の定着防止等（再掲）
- ニホンジカ・イノシシの捕獲事業支援（指定管理鳥獣捕獲等事業費）　25（2）
- 希少種の保全対策の推進（希少種保護対策費）　　　　　　　　7（7）
- 動物の愛護及び管理の推進（再掲）　　　　　　　　　　　　　4（4）

2-2．東日本大震災からの復興・再生と未来志向の取組

> 東日本大震災・原発事故からの復興・再生に向けて、福島県内の**除去土壌等の30年以内の県外最終処分**という約束を果たすべく全力で取り組むことが必要である。
>
> 特定帰還居住区域等における除染や家屋解体、中間貯蔵施設事業、汚染廃棄物処理、除去土壌の再生利用実証事業、全国での理解醸成活動等を着実に実施するとともに、県外最終処分に向けてこれまでの技術開発等の成果を踏まえ、最終処分場の構造、必要面積等の選択肢等を取りまとめ、それ以降の本格的な減容・再生利用の実施や最終処分の具体的な検討につなげていく。
>
> また、「ALPS処理水の処分に関する基本方針」に基づき、**ALPS処理水放出に係る海域環境のモニタリング**を着実に実施していく。
>
> さらに、福島県との連携協力協定に基づく脱炭素×復興まちづくりやふくしまグリーン復興構想、放射線の健康影響に関する風評加害を生まないための取組など、**未来志向の環境施策**を推進する。

(金額は億円単位)

（1）環境再生に向けた取組等の着実な実施

- ・ 中間貯蔵施設の整備・管理運営及び県外最終処分に向けた除去土壌 1,008（1,786）
  等の減容・再生利用の推進等【復興特】
- ・ 除去土壌等の適正管理及び原状回復等の実施【復興特】 150（169）
- ・ 特定復興再生拠点区域の整備に必要な除染等の実施【復興特】 370（436）
- ・ 特定帰還居住区域の整備に必要な除染等の実施【復興特】 事項要求（新規）
- ・ 放射性物質汚染廃棄物の処理【復興特】 376（680）
- ・ 東日本大震災被災地における環境モニタリング調査（ALPS処理水 8（8）
  放出に係る海域環境のモニタリングを含む）【復興特】

（2）未来志向の復興加速 ～希望ある未来へのリデザイン～

- ・ 放射線の健康影響に関する風評加害を生まないための取組の推進 12（12）
  （放射線健康管理・健康不安対策事業費）
- ・「脱炭素×復興まちづくり」の推進【エネ特】 5（5）
- ・ 国立公園満喫プロジェクト等国立公園の保護と利用の推進の一部 31の内数（18の内数）
  （再掲）

令和6年度　環境省税制改正要望の概要

1．税制全体のグリーン化の推進

　先般の G7 広島首脳コミュニケにおいては、「気候変動、生物多様性の損失、クリーン・エネルギーへの移行に関する行動の速度と規模を増加させる重要性に留意し、我々は、グリーン・トランスフォーメーションを世界的に推進及び促進し、遅くとも 2050 年までにGHG排出のネット・ゼロを達成するために我々の経済の変革の実現を目指して協働する」とされた。我が国においては、 GX 実現に向けた取組のうちカーボンプライシングなどの市場メカニズムを用いる経済的手法については、「脱炭素成長型経済構造への円滑な移行の推進に関する法律」（令和5年法律第 32 号）及び同法に基づく「脱炭素成長型経済構造移行推進戦略」（令和5年7月閣議決定）に基づき、成長志向型カーボンプライシング構想を着実に実現・実行する。

　また、第5次環境基本計画（平成 30 年4月 17 日閣議決定）や現在検討が進められている第6次環境基本計画の策定に向けた議論も踏まえつつ、企業や国民一人一人を含む多様な主体の行動に環境配慮を織り込み、環境保全のための行動を一層促進するために、以下のとおり、幅広い環境分野において税制全体のグリーン化を推進する。

（地球温暖化対策）
○　税制全体のグリーン化
　　平成 24 年 10 月から施行されている「地球温暖化対策のための税」を着実に実施し、省エネルギー対策、再生可能エネルギー普及、化石燃料のクリーン化・効率化などのエネルギー起源二酸化炭素排出抑制の諸施策に充当する。また、揮発油税等について、グリーン化の観点から「当分の間税率」を維持する。

（自動車環境対策）
○　地球温暖化対策・公害対策の一層の推進、汚染者負担の性格を踏まえた公害健康被害者補償のための安定財源確保の観点から、車体課税の一層のグリーン化を推進する。

（住宅の脱炭素化）
○　新たな 2030 年度目標の達成や、その先の 2050 年カーボンニュートラルの実現に向け、ZEH（ネット・ゼロ・エネルギー・ハウス）を消費者にとって身近なものとするとともに、供給面でも ZEH の普及を一層後押しするため、必要な検討を行い、所要の措置を講ずる。

（生物多様性の保全）
○　民間取組促進によるネイチャーポジティブ実現に向けた税制措置の推進
　　ネイチャーポジティブの実現に向けては、自然の恵みを維持し回復させ、自然資本を守り活かす社会経済活動を広げるために、様々な分野の施策と連携することとしている。骨太の方針（令和5年6月 16 日閣議決定）の記載も踏まえ、企業等の民間主体による生物多様性の保全活動を促進するための法制度の整備を前提として、活動主体の取組を支援するための税制措置の検討を進め、法制度の施行までに対応する。

※環境省が主の要望は◎

2. 個別のグリーン化措置

(1) 自然再興

○ 鳥獣被害対策の推進を目的とした特例措置【延長】(狩猟税) (◎)

　・ 鳥獣被害対策のための捕獲従事者が狩猟者としての登録を受ける際にかかる
狩猟税の税率を
　　－ 対象鳥獣捕獲員について、課税免除
　　－ 認定鳥獣捕獲等事業者について、課税免除
　　－ 許可捕獲の従事者について、1／2に軽減
とする特例措置について、適用期限を5年間延長する。

(2) 炭素中立

○ 再生可能エネルギー発電設備に係る固定資産税の課税標準の特例措置【拡充・延長】
(固定資産税)

　・ 再生可能エネルギーの最大限の導入を進めるため、再生可能エネルギー発電
設備について、新たに賦課される年度から3年度分に限り、課税標準となるべ
き価格に一定の割合を乗じて固定資産税を軽減する措置について、地域と共生
した再エネを促進するための所要の見直しを講じたうえで、適用期限の延長
(2年間) を行う。

○ 既存住宅の省エネ改修等に係る軽減措置【拡充・延長】(所得税、固定資産税)

　・ 省エネ改修等が行われた住宅について、所得税、固定資産税を軽減する特例
措置の適用期限を2年間延長する等を行う。

(3) 循環経済

○ 廃棄物処理事業の用に供する軽油に係る課税免除特例措置【延長】(軽油引取税)
(◎)

　・ 廃棄物処理事業者が廃棄物最終処分場内において専ら廃棄物の処分のために
使用する機械の動力源に係る軽油引取税の課税免除の特例について、脱炭素移
行を見据えた形で、適用期限を3年間延長する。

○ 公共の危害防止のために設置された施設又は設備(廃棄物処理施設、汚水・廃液処
理施設) に係る課税標準の特例措置【延長】(固定資産税)

　・ 公害防止用設備に係る固定資産税の課税標準に関し、
　　◆ ごみ処理施設、石綿含有産業廃棄物等処理施設については 1/2 (◎)
　　◆ 一般廃棄物の最終処分場については 2/3 (◎)
　　◆ PCB 廃棄物等処理施設については 1/3 (◎)

資
料

　　　　◆　汚水・廃液処理施設については 1/2 を参酌して 1/3 以上 2/3 以下の範囲内
　　　　　において市町村の条例で定める割合
　　　とする特例措置について、適用期限を 2 年間延長。

（4）その他
　　○　技術研究組合の所得計算の特例措置【延長】（法人税）
　　　・　技術研究組合が、賦課金をもって試験研究用資産を取得し、1 円まで圧縮記
　　　　帳をした場合に、減額した金額を損金に算入する特例措置を延長する。

令和 6 年度　環境省財政投融資等の要求の概要

　カーボンニュートラルの実現に向けて巨額な脱炭素投資が求められている中、脱炭素事業に意欲的に取り組む民間事業者等への資金支援に係る措置を講ずる。

（株式会社脱炭素化支援機構への資金供給）

○　地球温暖化対策の推進に関する法律（平成 10 年法律第 117 号）に基づき設立された株式会社脱炭素化支援機構を通じて、国及び民間からの出資を呼び水として意欲的な脱炭素事業に出資等を行い、脱炭素事業への民間投資を誘発させる。

・株式会社脱炭素化支援機構による脱炭素事業への資金供給　　　　　　600（600）

　　　　　　　　　　　　　　　　（金額は億円単位。産業投資及び政府保証の合計額。）

（日本政策金融公庫による貸付利率の引下げ）

○　日本政策金融公庫による現行の環境・エネルギー対策貸付を継続して実施しつつ、カーボンニュートラル投資促進税制の認定を受けたことがある者を特別利率③とする。
　　（経済産業省との共同要求）

令和6年度　環境省機構・定員要求の概要

自然再興・炭素中立・循環経済の同時実現に向けて、令和5年度に引き続き、地方環境事務所を中心に体制を強化する。

【機構】
〇地域脱炭素加速化のための体制強化
・関東地方環境事務所次長の新設
〇化学物質政策組織の一元化、熱中症対策のための環境保健部の再編
・企画課、化学物質安全課の新設等
〇水道行政の一部移管に伴う水・大気環境局の再編
・水道水質・衛生管理室長の新設

【定員】：123人

本省：57人	地方環境事務所：66人
地域資源・自然資本の保全・利用による地域活性化・強靭化のための体制強化	
・ネイチャーポジティブ政策推進 ・GXや2050年カーボンニュートラル実現	・レンジャー（国立公園調整官等）による現地管理体制、国立公園の魅力向上・利用促進 ・地域脱炭素の取組の加速化※
国内外のバリューチェーンで日本企業が評価され競争優位になる仕組みの構築のための体制強化	
・動静脈連携による資源循環の推進	・脱炭素経営の促進支援※ ・プラスチック資源循環推進
将来にわたる安全・安心で質の高い暮らしの実現のための体制強化	
・「デコ活」（脱炭素につながる新しい豊かな暮らしを創る国民運動）の展開 ・新築住宅・建築物のZEH・ZEB化の支援等 ・熱中症対策の推進	・外来生物対策の推進

※地域脱炭素に係る地方環境事務所の体制については、令和4年度から3か年で計画的に整備する。

環境省歴代大臣・幹部一覧

〔大　臣〕

氏　　名	発令年月日
川　口　順　子	平13. 1. 6
大　木　　　浩	14. 2. 8
鈴　木　俊　一	14. 9.30
小　池　百合子	15. 9.22
若　林　正　俊	18. 9.26
鴨　下　一　郎	19. 8.27
斉　藤　鉄　夫	20. 8. 2
小　沢　鋭　仁	21. 9.16
松　本　　　龍	22. 9.17
江　田　五　月	23. 6.27
細　野　豪　志	23. 9. 2
長　浜　博　行	24.10. 1
石　原　伸　晃	24.12.26
望　月　義　夫	26. 9. 3
丸　川　珠　代	27.10. 7
山　本　公　一	28. 8. 3
中　川　雅　治	29. 8. 3
原　田　義　昭	30.10. 2
小　泉　進次郎	元. 9.11
山　口　　　壯	3.10. 4
西　村　明　宏	4. 8.10
伊　藤　信太郎	5. 9.13

〔事務次官〕

太　田　義　武	13. 1. 6
中　川　雅　治	14. 1. 8
炭　谷　　　茂	15. 7. 1
田　村　義　雄	18. 9. 5
西　尾　哲　茂	20. 7.22
小　林　　　光	21. 7.14
南　川　秀　樹	23. 1. 7
谷　津　龍太郎	25. 7. 2
鈴　木　正　規	26. 7. 8
関　　　荘一郎	27. 8. 1

小　林　正　明	28. 6.17
森　本　英　香	29. 7.14
鎌　形　浩　史	元. 7. 9
中　井　徳太郎	2. 7.21
和　田　篤　也	4. 7. 1

〔地球環境審議官〕

浜　中　裕　徳	13. 7. 1
松　本　省　藏	16. 7. 1
小　島　敏　郎	17. 7.20
竹　本　和　彦	20. 7.22
南　川　秀　樹	18. 7.22
寺　田　達　志	23. 1. 7
谷　津　龍太郎	24. 9. 7
白　石　順　一	25. 7. 2
関　　　壮一郎	26. 7. 8
小　林　正　明	27. 8. 1
梶　原　成　元	28. 6.17
髙　橋　康　夫	29. 7.14
森　下　　　哲	元. 7. 9
近　藤　智　洋	2. 7.21
正　田　　　寛	3. 7. 1
小　野　　　洋	4. 7. 1
松　澤　　　裕	5. 7. 1

〔大臣官房長〕

炭　谷　　　茂	13. 1. 6
松　本　省　藏	13. 7. 1
田　村　義　男	15. 7. 1
西　尾　哲　茂	16. 7. 1
小　林　　　光	18. 9. 5
南　川　秀　樹	20. 7.22
谷　津　龍太郎	22. 7.10
鈴　木　正　規	24. 9. 7
森　本　英　香	26. 7. 8
鎌　形　浩　史	29. 7.14

251

正 田	寛	元. 7. 9		
鑓 水	洋	3. 7. 1		
上 田	康 治	5. 7. 1		

〔総合環境政策局長〕

中 川	雅 治	13. 1. 6
炭 谷	茂	14. 1. 8
松 本	省 藏	15. 7. 1
田 村	義 雄	16. 7. 1
西 尾	哲 茂	18. 9. 5
小 林	光	20. 7.22
白 石	順 一	21. 7.14
清 水	康 弘	25. 7. 2
小 林	正 明	平26. 7.11
三 好	信 俊	27. 8. 1
奥	主 喜 美	28. 6.17
		〈廃止〉

〔地球環境局長〕

浜 中	裕 徳	13. 1. 6
炭 谷	茂	13. 7. 1
岡 澤	和 好	14. 1. 8
小 島	敏 郎	15. 7. 1
小 林	光	17. 7.20
南 川	秀 樹	18. 9. 5
寺 田	達 志	20. 7.22
鈴 木	正 規	23. 1. 7
関	荘一郎	24. 9. 7
梶 本	成 元	26. 7.11
鎌 形	浩 史	28. 6.17
森 下	哲	29. 7.14
近 藤	智 洋	元. 7. 9
小 野	洋	2. 7.21
松 澤	裕	4. 7. 1
秦	康 之	5. 7. 1

〔環境管理局長〕

松 本	省 藏	13. 1. 6
西 尾	哲 茂	13. 7. 1
小 林	光	16. 7. 1
竹 本	和 彦	17. 7.20
		〈廃止〉

〔水・大気環境局長〕

竹 本	和 彦	17.10. 1
白 石	順 一	20. 7.22
鷺 坂	長 美	21. 7.14
小 林	正 明	24. 8.10
三 好	信 俊	26. 7.11
髙 橋	康 夫	27. 8. 1
早 水	輝 好	29. 7.14
田 中	聡 志	30. 7.13
小 野	洋	元. 7. 9
山 本	昌 宏	2. 7.21
松 澤	裕	3. 7. 1
秦	康 之	4. 7. 1
土 居	健太郎	5. 7. 1

〔自然環境局長〕

西 尾	哲 茂	13. 1. 6
小 林	光	13. 7. 1
岩 尾	總一郎	14. 7.30
小野寺	浩	15. 7. 1
南 川	秀 樹	17. 7.20
冨 岡	悟	18. 9. 5
桜 井	康 好	19. 7.10
黒 田	大三郎	20. 7.22
鈴 木	正 規	21. 7.14
渡 邉	綱 男	23. 1. 7
伊 藤	哲 夫	24. 8.10
星 野	一 昭	25. 7. 2
塚 本	瑞 天	26. 7.11
奥	主 喜 美	27. 8. 1

亀 澤 玲 治	28. 6.17
正 田 　 寛	30. 7.13
鳥 居 敏 男	元. 7. 9
奥 田 直 久	3. 7. 1
白 石 隆 夫	5. 7. 1

〔**環境再生・資源循環局長**〕

縄 田 　 正	29. 7.14
山 本 昌 宏	30. 7.13
森 山 誠 二	2. 7.21
室 石 泰 弘	3. 7. 1
土 居 健太郎	4. 7. 1
前 佛 和 秀	5. 7. 1

資

料

北海道

和 田 篤 也
環境事務次官

福 島 健 彦
大臣官房総務課長

伊 藤 史 雄
地球環境局総務課脱炭素社会移行推進
室長

前 佛 和 秀
環境再生・資源循環局長

中 野 哲 哉
環境再生・資源循環局参事官（除染）

大 島 俊 之
原子力規制庁原子力規制部長

布 田 洋 史
原子力規制庁原子力規制部原子力規制
企画課企画官（規制制度担当）

岩手県

木 村 正 伸
水・大気環境局海洋環境課海域環境管
理室長

宮城県

加 藤 聖
大臣官房環境影響評価課環境影響審査
室長

山形県

鑓 水 洋
総合環境政策統括官（併）環境調査研
修所長

福島県

小 沼 信 之
大臣官房総務課広報室長

鈴 木 渉
自然環境局自然環境計画課生物多様性
戦略推進室長

岩 崎 政 典
原子力規制庁長官官房人事課企画官
（服務・人事制度・厚生企画担当）

齋 藤 真 知
環境調査研修所国立水俣病総合研究セ
ンター次長

茨城県

種 瀬 治 良
地球環境局地球温暖化対策課事業監理
官（兼）総務課地球温暖化対策事業監
理室長（兼）大臣官房地域政策課地域
脱炭素事業監理室長

坂 口 隆
自然環境局自然環境整備課温泉地保護
利用推進室長

牛 場 雅 己
北海道地方環境事務所長

栃木県

高 橋 隆
原子力規制庁長官官房委員会運営支援
室長

関 谷 毅 史
福島地方環境事務所長

群馬県

高 橋 啓 介
自然環境局生物多様性センター長

埼玉県

中 原 敏 正
大臣官房秘書課調査官（兼）女性職員
活躍・ＷＬＢ推進担当官

海老名 英 治
大臣官房環境保健部放射線健康管理担
当参事官

萩 原 辰 男
自然環境局自然環境整備課長

近 藤 亮 太
環境再生・資源循環局総務課循環型社
会推進室長（兼）リサイクル推進室長

千葉県

神ノ田 昌 博
大臣官房環境保健部長

吉 川 圭 子
　大臣官房環境保健部環境安全課長

酒 井 雅 彦
　水・大気環境局モビリティ環境対策課
　長

加 藤 隆 行
　原子力規制庁長官官房放射線防護企画
　課企画調査官（制度・国際・地域担当）

東京都

奥 山 祐 矢
　大臣官房審議官

堀 上 　 勝
　大臣官房審議官

熊 倉 基 之
　大臣官房会計課長

筒 井 誠 二
　水・大気環境局環境管理課長

水 谷 　 努
　自然環境局国立公園課国立公園利用推
　進室長

宇賀神 知 則
　自然環境局野生生物課鳥獣保護管理室
　長

中 村 邦 彦
　自然環境局皇居外苑管理事務所長

遠 山 　 眞
　原子力規制庁長官官房技術基盤課長

齋 藤 健 一
　原子力規制庁原子力規制部原子力規制
　企画課火災対策室長

志 間 正 和
　原子力規制庁原子力規制部安全規制管
　理官（研究炉等審査担当）

小 森 　 繁
　中部地方環境事務所長

築 島 　 明
　九州地方環境事務所長

神奈川県

根 木 桂 三
　大臣官房総合政策課原子力規制組織等
　改革担当室長

近 藤 貴 幸
　大臣官房地域脱炭素事業推進課長

木 内 哲 平
　大臣官房環境保健部環境保健企画管理
　課石綿健康被害対策室長

高 木 恒 輝
　大臣官房環境保健部環境保健企画管理
　課水銀対策推進室長

塚 田 源一郎
　地球環境局地球温暖化対策課地球温暖
　化対策事業室長

吉 尾 綾 子
　水・大気環境局環境管理課農薬環境管
　理室長

浜 島 直 子
　自然環境局自然環境計画課生物多様性
　主流化室長

外 山 洋 一
　環境再生・資源循環局総務課循環指標
　情報分析官

石 渡 　 明
　原子力規制委員会委員

金 子 修 一
　原子力規制庁次長（兼）原子力安全人
　材育成センター所長

市 村 知 也
　原子力規制庁原子力規制技監

大 向 繁 勝
　原子力規制庁原子力規制部安全規制管
　理官（核燃料施設等監視担当）

堀 内 　 洋
　環境調査研修所次長

新潟県

小 池 　 晃
　原子力規制庁長官官房会計部門経理統
　括専門官 併 上席会計監査官

富山県

西 村 正 美
　原子力規制庁長官官房総務課地域原子
　力規制総括調整官（福井担当）

石川県

鳥 毛 暢 茂
　大臣官房会計課監査指導室長

清 丸 勝 正
大臣官房環境保健部環境保健企画管理
課化学物質審査室長

角 倉 一 郎
環境再生・資源循環局次長

新 田 　 晃
原子力規制庁長官官房放射線防護グ
ループ放射線防護企画課長

福井県

清 水 貴 也
大臣官房環境保健部環境安全課環境リ
スク評価室長

長野県

大 川 正 人
大臣官房総合政策課企画評価・政策プ
ロモーション室長

静岡県

杉 井 威 夫
地球環境局地球温暖化対策課脱炭素ビ
ジネス推進室長

鈴 木 清 彦
水・大気環境局環境管理課環境汚染対
策室長（兼）環境再生・資源循環局廃
棄物規制課ポリ塩化ビフェニル廃棄物
処理推進室長

松 下 雄 介
自然環境局総務課長

杉 山 智 之
原子力規制委員会委員

青 野 健二郎
原子力規制庁長官官房企画官

愛知県

小笠原 　 靖
大臣官房総合政策課長

木 野 修 宏
大臣官房参事官（併）地域脱炭素政策
調整担当参事官

中 尾 文 子
自然環境局自然環境計画課自然環境情
報分析官

三重県

黒 川 陽一郎
原子力規制庁原子力規制部原子力規制
企画課長

滋賀県

大 森 恵 子
大臣官房政策立案総括審議官

児 嶋 洋 平
原子力規制庁長官官房審議官（原子力
規制担当）

京都府

一 井 里 映
大臣官房秘書課業務改革推進室長

大 井 通 博
水・大気環境局海洋環境課長

河 野 通 治
自然環境局野生生物課希少種保全推進
室長

竹 本 　 亮
原子力安全人材育成センター副所長

木 本 昌 秀
国立研究開発法人国立環境研究所理事
長

大阪府

香 具 輝 男
地球環境局地球温暖化対策課フロン対
策室長

水 谷 好 洋
地球環境局国際脱炭素移行推進・環境
インフラ担当参事官

波戸本 　 尚
環境再生・資源循環局総務課長

田 中 　 知
原子力規制委員会委員

片 山 　 啓
原子力規制庁長官

古金谷 敏 之
原子力規制庁長官官房緊急事態対策監

吉 川 元 浩
原子力規制庁長官官房安全規制管理官
（放射線規制担当）

関 根 達 郎
　近畿地方環境事務所長

兵庫県

前 田 光 哉
　大臣官房審議官（兼）環境調査研修所
　国立水俣病総合研究センター所長

中 島 尚 子
　地球環境局総務課気候変動適応室長
　兼 気候変動科学室長

番 匠 克 二
　自然環境局国立公園課長

松 﨑 裕 司
　環境再生・資源循環局廃棄物適正処理
　推進課長（併）環境再生事業担当参事
　官付災害廃棄物対策室長

山 中 伸 介
　原子力規制委員会委員長

鳥取県

松 本 英 昭
　自然環境局野生生物課外来生物対策室
　長

岡山県

植 田 明 浩
　大臣官房地域脱炭素推進審議官

辻 原 　 浩
　水・大気環境局環境管理課環境管理情
　報分析官

田 口 達 也
　原子力規制庁長官官房人事課長

奥 　 博 貴
　原子力規制庁原子力規制部実用炉審査
　部門安全規制調整官(実用炉審査担当)

広島県

上 田 康 治
　大臣官房長

田 中 英 二
　自然環境局京都御苑管理事務所長

森 下 　 泰
　原子力規制庁長官官房審議官（大臣官
　房担当）（兼）内閣府大臣官房審議官(原
　子力防災担当)

山口県

山 本 麻 衣
　自然環境局総務課調査官

杉 本 孝 信
　原子力規制庁原子力規制部安全規制管
　理官（実用炉監視担当）（併）緊急事
　案対策室長

香川県

平 尾 禎 秀
　大臣官房環境経済課長

則 久 雅 司
　自然環境局自然環境計画課長

福岡県

佐 藤 　 暁
　原子力規制庁長官官房核物質・放射線
　総括審議官

長崎県

渡 邉 桂 一
　原子力規制庁原子力規制部安全規制管
　理官（実用炉審査担当）

岩 永 宏 平
　原子力規制庁原子力規制部東京電力福
　島第一原子力発電所事故対策室長

大分県

曽 宮 和 夫
　自然環境局新宿御苑管理事務所長

沖縄県

金 城 慎 司
　原子力規制庁長官官房審議官（原子力
　規制担当）

資
料

環　境　省　組　織　概　要

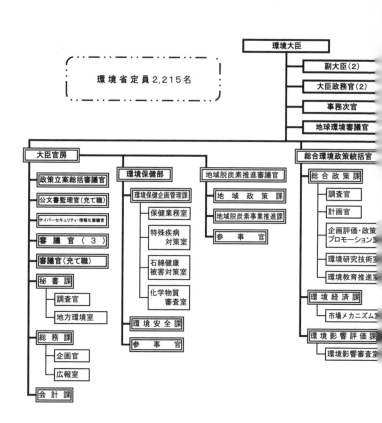

環境大臣

副大臣(2)

大臣政務官(2)

事務次官

地球環境審議官

環境省定員2,215名

大臣官房

政策立案総括審議官

公文書監理官(充て職)

サイバーセキュリティ・情報化審議官

審議官(3)

審議官(充て職)

秘書課
　└ 調査官
　└ 地方環境室

総務課
　└ 企画官
　└ 広報室

会計課

環境保健部

環境保健企画管理課
　└ 保健業務室
　└ 特殊疾病対策室
　└ 石綿健康被害対策室
　└ 化学物質審査室

環境安全課

参事官

地域脱炭素推進審議官

地域政策課

地域脱炭素事業推進課

参事官

総合環境政策統括官

総合政策課
　└ 調査官
　└ 計画官
　└ 企画評価・政策プロモーション室
　└ 環境研究技術室
　└ 環境教育推進室

環境経済課
　└ 市場メカニズム室

環境影響評価課
　└ 環境影響審査室

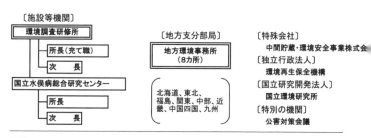

〔施設等機関〕

環境調査研修所
　└ 所長(充て職)
　└ 次長

国立水俣病総合研究センター
　└ 所長
　└ 次長

〔地方支分部局〕

地方環境事務所
(8カ所)

北海道、東北、福島、関東、中部、近畿、中国四国、九州

〔特殊会社〕
　中間貯蔵・環境安全事業株式会社
〔独立行政法人〕
　環境再生保全機構
〔国立研究開発法人〕
　国立環境研究所
〔特別の機関〕
　公害対策会議

資

料

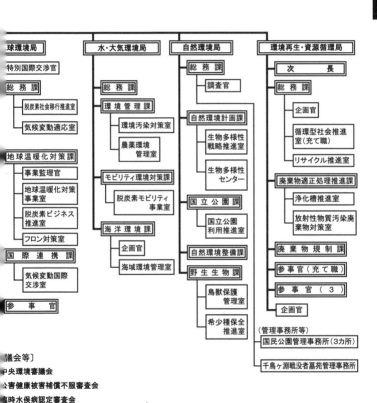

球環境局

特別国際交渉官

総 務 課

脱炭素社会移行推進室

気候変動適応室

地球温暖化対策局

事業監理官

地球温暖化対策
事業室

脱炭素ビジネス
推進室

フロン対策室

国 際 連 携 課

気候変動国際
交渉室

参 事 官

水・大気環境局

総 務 課

環 境 管 理 課

環境汚染対策室

農薬環境
管理室

モビリティ環境対策課

脱炭素モビリティ
事業室

海 洋 環 境 課

企画官

海域環境管理室

自然環境局

総 務 課

調査官

自然環境計画課

生物多様性
戦略推進室

生物多様性
センター

国 立 公 園 課

国立公園
利用推進室

自然環境整備課

野 生 生 物 課

鳥獣保護
管理室

希少種保全
推進室

環境再生・資源循環局

次 長

総 務 課

企画官

循環型社会推進
室（充て職）

リサイクル推進室

廃棄物適正処理推進課

浄化槽推進室

放射性物質汚染廃
棄物対策室

廃 棄 物 規 制 課

参事官（充て職）

参 事 官 （ 3 ）

企画官

（管理事務所等）

国民公園管理事務所（3カ所）

千鳥ヶ淵戦没者墓苑管理事務所

〔議会等〕

中央環境審議会

公害健康被害補償不服審査会

臨時水俣病認定審査会

有明海・八代海等総合調査評価委員会

環境省国立研究開発法人審議会

259

■組織概要

人 名 索 引

人名索引

【や】

【ゆ】

【よ】

【わ】

人
名
索
引

環境省名鑑－2024年版

令和 5 年11月20日 初版発行　　定価（本体3,300円＋税）

編 著 者　　　　　　　　　　　　　米 盛 康 正

発 行 所　　　　　株式会社　時 評 社

郵 便 番 号　　　　100-0013
東京都千代田区霞が関 3 - 4 - 2
商工会館・弁理士会館ビル 6 F
©時評社 2023　　　　　電 話　(03) 3 5 8 0 - 6 6 3 3
振 替 口 座　00100-2-23116

印刷・製本 株式会社 太平印刷社　　落丁・乱丁本はお取り換えいたします

ISBN978-4-88339-315-2　C2300　¥3300E